LES

FUGITIFS

DRAME

EN CINQ ACTES ET NEUF TABLEAUX

PAR

MM. ANICET-BOURGEOIS ET FERDINAND DUGUÉ

Représenté, pour la première fois, sur le théâtre de l'Ambigu-Comique, le 21 juin 1858.

PARIS

MICHEL LÉVY FRÈRES, LIBRAIRES-ÉDITEURS

RUE VIVIENNE, 2 BIS

1858

DISTRIBUTION DE LA PIÈCE

SIR WATSON, officier anglais.	MM. CASTELLANO.
DAVID, riche colon français.	OMER.
SIR WILLIAMS HOODS, officier anglais. . . .	MAURICE COSTE.
MAURICE BERNARD, commandant de frégate. .	LÉON LEROY.
THOMAS (dit BASTRINGUE), matelot français. .	BÉRET.
LE MAJOR WILLOUGHBY.	MACHANETTE.
LE FAKIR	DORNAY.
AKDAR, chef indien.	DONATO.
LE TSCHÉPRASSE.	HOSTER.
MOHAMMED.	RICHER.
LE RAJAH.	COUTURIER.
STEWARD.	MARTIN.
UN BATELIER INDIEN.	PHILIBERT.
UN VIEILLARD.	LAVERGNE.
QUATRE INDIENS.	MERCIER. BUCLAT. ERNEST. CHARLES.
SUZANNE, femme de David.	Mme LACRESSONNIÈRE.
HÉLÈNE, sa fille.	Mlles MARIE DELAISTRE.
LE PETIT PAUL.	MARIE DEBREUIL.
LA MALABARE.	Mmes NEUVILLE.
PREMIÈRE SŒUR DE CHARITÉ.	FÉRAUDY.
DEUXIÈME SŒUR DE CHARITÉ.	AMÉLIE.

S'adresser, pour la musique, à M. ALEXANDRE ARTUS, chef-d'orchestre.
Et pour la mise en scène à M. COINTOT, souffleur au théâtre.

Avis à Messieurs les Directeurs.—Il sera très-facile de monter *les Fugitifs* en Province, notamment dans les villes où on a joué *Si j'étais Roi*.

Paris. — Typ. Morris et Comp., rue Amelot, 64.

LES FUGITIFS

ACTE PREMIER

LE FLEUVE SACRÉ

A droite du public, occupant deux plans, le Bengalow tout ouvert et auquel on parvient par quelques marches. Au troisième plan, à droite et à gauche, la route longeant le fleuve. Aux premier et deuxième plans, à gauche, un bouquet de cocotiers et autres plantes du pays. Au quatrième plan, au fond, un fleuve. Au delà, un immense horizon de montagnes. — Au lever du rideau, groupes pittoresques d'Indiens qui, agenouillés au bord du fleuve, achèvent leurs ablutions et leurs prières.

—

SCÈNE PREMIÈRE

LE FAKIR, INDIENS.

LE FAKIR.

Enfants d'Indra et de Mahomet, vous avez fini vos ablutions; remettez-vous en marche vers les hauteurs. (A un Indien.) Frère, où vas-tu?

PREMIER INDIEN.

A Bénarès.

LE FAKIR, à un autre.

Et toi ?

DEUXIÈME INDIEN.

A Meerut.

LE FAKIR, à un autre.

Et toi?

TROISIÈME INDIEN.

A Dynapour.

LE FAKIR.

Bien... Partez, et quand l'étoile Érié se lèvera dans le ciel, détournez la tête, jetez un regard attentif sur les rives du fleuve que vous quittez, et faites alors ce qu'il vous est ordonné de faire.

TOUS.

Nous le ferons.

LE FAKIR.

Adieu! (Une partie des Indiens s'éloigne.) Quant à vous, attendez ici le fidèle Akdar, qui doit arriver ce soir, et vous distribuera le pain sacré.

UN INDIEN.

Plus bas! (Montrant le Bengalow.) N'y a-t-il pas là des oreilles européennes qui nous écoutent?

LE FAKIR.

En effet, le Bengalow est habité.

TOUS.

Ah!

LE FAKIR.

Rassurez-vous... il n'y a là que deux pauvres femmes venues d'un pays lointain, qu'on appelle la France; elles se rendent de Delhi à Allahabad en secourant sur leur route les mendiants et les malades, sans distinction de caste, de couleur ou de foi. Respectons ces femmes, qui se sont faites les sœurs des pauvres: révérons-les... car elles ont pour devoir la prière, pour mission la charité, pour seul maître Dieu!

SCÈNE II

LES MÊMES, LES SŒURS DE CHARITÉ.

PREMIÈRE SŒUR, sortant du Bengalow.

Le soleil est moins brûlant, nous pouvons continuer notre voyage.

DEUXIÈME SŒUR.

Quelques milles seulement nous séparent de Delhi.

PREMIÈRE SŒUR.

Partons!... (On apporte de gauche un Indien étendu sur une civière de bambous et de feuilles de palmier.) Où conduit-on ce malheureux?

LE FAKIR.

Au bord du fleuve, où il doit attendre la mort, le visage tourné vers l'orient.

PREMIÈRE SŒUR.

La mort?

LE FAKIR.

Oui, c'est l'usage ici, quand la science humaine est devenue impuissante, d'exposer les mourants au bord des flots qui doivent engloutir leur cadavre.

PREMIÈRE SŒUR.

Arrêtez !... laissez-nous le secourir... on peut le sauver peut-être !

LE FAKIR.

Non. Il a été condamné par ceux qui connaissent le secret de la vie et le secret de la mort.

PREMIÈRE SŒUR.

Il n'y a que notre Dieu qui connaisse ces redoutables secrets.

LE FAKIR.

Femmes! laissez le destin s'accomplir! Notre religion le veut.

PREMIÈRE SŒUR.

La nôtre le défend.

LE FAKIR.

Retirez-vous !

PREMIÈRE SŒUR.

Jamais! tant qu'un souffle sortira encore de ses lèvres. (Murmures.)

LE FAKIR.

Prenez garde!... Ces murmures vont se changer en menaces.

PREMIÈRE SŒUR.

Pourquoi ces hommes nous voudraient-ils du mal? (Aux Indiens.) Vous êtes sans doute les amis, les parents de ce vieillard?... au nom de l'humanité, portez-le dans cette habitation, où nos soins le rendront peut-être à la vie!... Vous refusez? Eh bien ! nous l'y porterons nous-mêmes.

LE FAKIR.

Imprudentes! éloignez-vous !

PREMIÈRE SŒUR.

Courage, ma sœur! (Les Indiens les éloignent violemment de la civière.)

SCÈNE III

LES MÊMES, MAURICE, THOMAS, AKDAR.

MAURICE, en costume d'officier de marine, venant de gauche.

Lâches! maltraiter des femmes!..

PREMIÈRE SŒUR.

Un Français!

THOMAS, en Matelot.

Deux Français, mes bonnes sœurs! monsieur Maurice Bernard, commandant la frégate *l'Invincible*, et son fidèle matelot, Thomas, dit Bastringue. (Rumeurs.) Allez-vous bien vous taire, tas de mauricauds! Sont-ils vilains, ces bédouins-là!

PREMIÈRE SŒUR.

Pas de violence, je vous prie! la querelle est venue de nous, c'est à nous seules de l'apaiser. (Aux Indiens.) N'ayez ni colère ni haine contre les pauvres filles qui vous parlent; vous n'êtes pas pour elles des ennemis, des étrangers même, vous êtes des frères! Si elles se sont exilées de leur cher pays, si elles sont venues jusqu'à vous à travers mille périls et mille fatigues, ce n'est pas pour vous apporter l'oppression... c'est pour consoler ceux qui souffrent!... Cet homme, qui est un de vos prêtres, nous a comprises... grâce à lui, votre ressentiment s'apaise, et vous ne vous opposez plus, n'est-ce pas, à ce que notre œuvre de charité s'accomplisse?

LE FAKIR.

Amis, laissons faire les sœurs du pauvre.

SAMID.

Qui osera toucher cette civière?

LE FAKIR.

Moi le premier.

MAURICE.

Et moi.

THOMAS, le devançant.

Oh! pour le coup, mon lieutenant, je m'y oppose.

AKDAR, bas au Fakir.

Reviens vite.

LE FAKIR.

Akdar!...

AKDAR.

Silence!...

MAURICE, aux Sœurs.

Permettez-moi, du moins, de soigner ce malade avec vous. En Crimée, j'ai souvent servi d'aide à nos chirurgiens.

PREMIÈRE SŒUR.

Venez, monsieur, nous parlerons de la France. (Maurice et

les Sœurs entrent dans le bengalow, derrière la civière que portent Thomas et le Fakir.)

AKDAR.

Frères...

TOUS.

Akdar!

AKDAR, aux Indiens qui l'entourent.

J'ai pu, en servant de guide à ces Européens, traverser impunément les postes anglais et arriver jusqu'ici. Dans cet humble serviteur, personne n'a reconnu Akdar le condamné, Akdar qui, depuis trois longues années, se cache dans les jungles en compagnie des bêtes fauves! (A lui-même.) L'heure de la vengeance approche!... demain, famille David, famille abhorrée, je te rendrai au centuple tout ce que tu m'as fait souffrir!

LE FAKIR, rentrant.

Eh bien?

AKDAR, montrant Thomas.

Silence... nous ne sommes pas seuls...

THOMAS, qui sort aussi du bengalow.

Il faut chercher sa pitance, à présent? Je ne suis pas amoureux, moi; je ne me nourris pas, comme mon lieutenant, de souvenirs et d'espérances... Ah! sapristi! que je casserais donc bien une croûte! Bengalow de l'administration, en voilà une invention d'auberge pour les voyageurs dans l'Inde! Un galetas blanchi à la chaux, avec des lits de paille, deux fauteuils de bric à brac et la moitié d'une chaise... Quant à la cuisine, bernique! Nom de nom, que j'ai faim! (Apercevant Akdar.) Eh! l'homme, avance à l'ordre! Le maître veut manger. (Akdar lève le bras vers un arbre.) Le cocotier, oui, oui, connu. J'aime mieux autre chose. — Le maître a soif aussi! (Akdar montre le fleuve.) Ah! oui, l'eau de la rivière... merci! Saint Thomas, mon patron, rendez-moi les Bédouins! rendez-moi les Cosaques! — Avec eux on mangeait mal, mais on mangeait; tandis qu'avec ces marrons d'Inde-là... Ah! minute!... depuis ce matin, mon guide porte soigneusement un bissac qui paraît assez bien garni. Ce bissac lui a été donné par un vilain homme noir qui a disparu en jetant un cri de hibou! Ce qu'était cet homme, je m'en moque parfaitement; mais je saurai ce qu'il y a dans le bissac... Hum! ça sent la galette. (Il ouvre le bissac et en tire des pains.) Tiens! l'homme au cri de hibou... était un boulanger!

LES INDIENS, s'élançant vers lui.

Profanation!

THOMAS.

Qu'est-ce qu'ils ont donc, ces toqués-là?

LE FAKIR.

Étranger, ne touchez pas au Tchapâty!

THOMAS.

Tchapâty ou Tchapita, j'en veux!

LE FAKIR.

L'infidèle ne peut approcher de ses lèvres le pain des sacrifices. (Les Indiens saisissent Thomas et le font tourbillonner d'un bout à l'autre du théâtre.)

THOMAS.

Nom de nom! (Il tire son sabre.)

MAURICE, du haut du bengalow.

Le sabre au fourreau et pas de querelle! Respectez les croyances de ceux qui respectent les nôtres.

THOMAS.

Suffit, mon officier! (Il rengaine et Maurice rentre dans le bengalow.) Hum! battre en retraite, c'est dur! Allons, voyons, essayons de la maraude. Oh! j'ai une faim à manger du crocodile! (Il sort.)

AKDAR.

Enfin, nous sommes seuls.

LE FAKIR.

Écoutez les paroles d'Akdar.

AKDAR.

Ce matin, dans la forêt de Powna, un brahmine m'a confié pour vous ces gâteaux de pur froment, consacrés sur l'autel de la grande pagode! Fakir, partage-les entre eux tous.

LE FAKIR.

Enfants du Bengale, le temps marche; Mogol Pundy sortira de sa tombe la nuit prochaine, et vous verrez l'étoile Erió redoubler d'éclat sur vos têtes. (Marche au dehors.)

AKDAR.

Qui vient ici?

UN INDIEN.

Une caravane d'Européens.

AKDAR.

Plus un mot, plus un geste! regards éteints, bouches muettes!

SCÈNE IV

LES MÊMES, LE TSCHEPRASSE, puis SIR WATSON ET SA SUITE.

LE TSCHEPRASSE, éloignant les Indiens avec un long bambou.

Place! place! allons, retirez-vous, n'embarrassez pas ainsi les abords du bengalow... Ne m'avez-vous pas entendu? (A ses Domestiques.) La soirée est belle, dressez ici le couvert de Sa Seigneurie.

AKDAR, aux Indiens, à voix basse.

Dispersez-vous dans la montagne, cueillez chacun une branche de bois sec, et revenez ici dès que la caravane se sera remise en route.

LE TSCHEPRASSE.

Eh bien?

AKDAR.

Nous partons, maître, nous partons. (Adkar, le Fakir et les Indiens s'éloignent lentement.)

LE TSCHEPRASSE.

Dépêchez, le palanquin approche. (Les Domestiques dressent rapidement une tente sous laquelle ils disposent une table couverte d'un magnifique service d'argenterie, de linge, de vaisselle et de cristaux, qu'ils ont tirés d'un coffre qu'ils portaient).

THOMAS, rentrant sans les voir.

Voilà tout ce que j'ai trouvé... un morceau de canne à sucre et qui sent le vieux cuir. (Regardant autour de lui.) Hein?... qu'est-ce que je vois là?

LE TSCHEPRASSE.

Disposez donc mieux les coussins... maladroits! vous avez oublié la natte.

THOMAS, à part.

Nom de nom! quel couvert! et quel fumet! Je crois que j'ai senti les truffes... Ce monsieur safran doit être le cuisinier... voilà une bonne connaissance à faire. (Au Tscheprasse). Bonjour, monsieur.

LE TSCHEPRASSE.

Bonjour.

THOMAS.

Vous attendez *un nabab*?

LE TSCHEPRASSE.

Nous attendons sir Watson, sous-lieutenant, notre maître.

THOMAS.

Bigre! ils se nourrissent comme ça, chez vous, les sous-lieutenants?

LE TSCHEPRASSE.

Notre maître a cinq cent mille livres de rentes. (On voit entrer alors sir Watson, étendu dans une élégante litière, que portent quatre Hindous; deux autres, placés à droite et à gauche, agitent d'énormes éventails).

THOMAS.

Plus que ça de solde, merci!

LE TSCHEPRASSE.

Voilà Sa Seigneurie...

SIR WATSON.

Ouf! quelle chaleur! quelle poussière!... (Il saute à bas de sa litière.) Laissez-moi m'accommoder un peu... je ne peux me mettre à table dans ce désordre et cette malpropreté! Je me fais horreur à moi-même! (Il s'époussete avec soin, et se regarde dans un miroir que tient devant lui le Tscheprasse.)

LE TSCHEPRASSE.

Que désire manger Sa Seigneurie?

THOMAS, à part, et voyant placer les plats.

Du pain, du vin... un pâté!... Oh! un pâté!

SIR WATSON.

Ce que je veux manger... mais la moindre chose... je n'ai pas faim.

THOMAS, à part.

Il n'a pas faim! il n'a pas faim!

SIR WATSON.

Une conserve de bécasses... de Boulogne.

THOMAS.

Oh!

SIR WATSON.

Un pâté de cailles truffées... de Strasbourg.

THOMAS, plus fort.

Oh!

SIR WATSON.

Et, pour dessert, des fruits, du plum-pudding, avec du cognac, du sherry et du vin de Malvoisie.

THOMAS, à pleine voix.

Oh!

SIR WATSON.

Ah ça! qui diable jette donc ces cris-là? Hein!... l'uniforme français!... Qui êtes-vous?

THOMAS.

Thomas dit Bastringue, maître canonnier, qui ne voyage pas dans l'Inde pour son agrément particulier et qui possède, pour le quart d'heure, quelque chose qui le gêne beaucoup.

SIR WATSON.

Quoi donc, mon brave?

THOMAS.

Une faim d'éléphant. (A part.). Tant pis, ça y est!

SIR WATSON.

Saïlly! traite ce garçon-là de ton mieux.

THOMAS.

Merci, mon officier! je ferai honneur à votre cuisine, allez! Mais, pardon, excuse, ça vous serait-il agaéable d'inviter aussi mon officier... monsieur Maurice Bernard, lieutenant de la frégate *l'Invincible*.

SIR WATSON, vivement.

L'Invincible! un navire qui a fait la campagne d'Orient?

THOMAS.

Et d'une crâne façon, j'ose le dire.

SIR WATSON.

Moi aussi, j'étais en Crimée!

THOMAS.

Vrai? Ah! bien! j'ai assez souvent partagé ma gamelle avec vos camarades pour accepter la vôtre, là, sans façon.

SIR WATSON.

Où est le lieutenant Maurice? (Maurice paraît sur le seuil du Bengalow).

THOMAS, le montrant.

Voilà, mon officier!

SCÈNE V

LES MÊMES, MAURICE.

MAURICE, à part.

Elles le sauveront!

SIR WATSON, allant à Maurice et le saluant.

Monsieur Maurice Bernard, il n'y a personne ici qui puisse nous présenter l'un à l'autre. Au diable donc l'étiquette! — Vous êtes Français, je suis Irlandais; mais si la naissance ne nous a pas faits compatriotes, en Crimée, le danger commun a fait de nous des frères. Monsieur Maurice Bernard veut-il accorder à sir Watson l'honneur de partager son modeste dîner? — L'invitation est un peu brusque, je le sais; mais faite par un soldat à un soldat, elle ne sera pas refusée, je l'espère.

MAURICE.

Je l'accepte de grand cœur!... sir Watson, votre main?

SIR WATSON.

La voici... la glace est tout à fait rompue, n'est-ce pas?

MAURICE.

Il y a vingt ans que nous sommes amis.

SIR WATSON.

A la bonne heure! (appelant.) Saïlly, tu ajouteras du johannisberg et du champagne frappé. (Les Indiens font le service de la table.)

LE TSCHEPRASSE.

Le maître est servi.

SIR WATSON.

A table, lieutenant, à table!

THOMAS.

Ah! v'là mon officier à table... tant mieux... Eh bien! et moi? (Debout, et n'osant s'approcher de la table.) Hum! hum!

SIR WATSON, souriant, et le montrant au Tscheprasse.

Saïlly, fais bien dîner ce garçon.

THOMAS.

Merci, lieutenant! (Au Tscheprasse.) Dites donc, moricaud, les volailles ne doivent pas se conserver longtemps dans ce pays-ci? Je vas vous en sauver une... ou deux. (Il sort.)

SIR WATSON.

A votre santé, monsieur Maurice.

MAURICE.

A la vôtre, sir Watson! (Buvant.) Du champagne frappé, et du vrai Cliquot, Dieu me pardonne!

SIR WATSON.

Je ne bois que de celui-là.

MAURICE, riant.

Ce luxe et ce confortable, qui vous sont possibles dans l'Inde, vous ne les aviez pas en Crimée.

SIR WATSON.

Ah! ne m'en parlez pas!... Ce fut le désespoir de ma vie! Quel désordre pour un maniaque de mon espèce! Quel désarroi dans mes chères habitudes! Il m'est arrivé là des aventures dont le souvenir me bouleverse encore tout le système nerveux!

MAURICE.

Vraiment!

SIR WATSON.

Tenez, à la fameuse charge de Balaklava...

MAURICE.

Vous y étiez, monsieur?

SIR WATSON.

Le beau mérite, puisque j'en suis revenu, avec cinq ou six balles dans le corps, il est vrai, mais c'est un détail. J'arrive au fait grave. Avez-vous de bons yeux, vous?

MAURICE.

Oui.

SIR WATSON.

Heureux homme! moi, je suis d'une myopie désespérante! Eh bien, mon cher, j'ai perdu mon pince-nez sur le champ de bataille, et je suis resté toute une longue semaine avant de pouvoir m'en procurer un autre. Vous n'avez pas idée du mauvais sang que j'ai fait... comprenez-vous? — Je ne reconnaissais plus les Russes qu'à bout portant.

MAURICE, riant.

Ils ont dû s'en plaindre.

SIR WATSON.

Voilà bien ces Français! les plus grands désastres leur prêtent à rire! Allons, décidément, vous ne prenez pas mes infortunes au sérieux, et vous vous dites, je le parie, sir Watson est un fou!

MAURICE.

Je me dis que sir Watson est la bravoure et la loyauté mêmes.

SIR WATSON.

Merci!... Aimez-vous la musique?

MAURICE.

Comment?

SIR WATSON.

Je ne vous fais pas l'injure de vous demander si c'est Rossini que vous préférez. (A Sailly.) Dis au band-master de nous jouer un motif du *Barbier*. (Musique militaire dans la coulisse.)

MAURICE.

Mais, c'est de la féerie! (On dessert la table, ils se lèvent.)

SIR WATSON.

Pour ma part, je me passerais plutôt de champagne que

de musique au dessert : aussi, j'emmène toujours un orchestre à ma suite. (Écoutant l'air.) Pas trop mal, n'est-ce pas?

MAURICE.

Délicieux ! (On sert le café et les cigares.)

SIR WATSON.

Vous plaît-il d'allumer un cigare, en prenant le café? (S'étendant sur des coussins.) Tenez-vous bien, maintenant, j'ai été assez bavard pour avoir le droit d'être indiscret. Venez-vous de Calcutta ?

MAURICE.

Oui.

SIR WATSON.

Comme moi. Et vous allez?

MAURICE.

A Delhi.

SIR WATSON.

Comme moi. J'y vais servir de témoin à mon meilleur ami, le capitaine d'artillerie Williams Hoods.

MAURICE.

De témoin. Pour un duel ?

SIR WATSON.

Non... pour un mariage !

MAURICE.

A la bonne heure ! Sir Watson, je vous invite à ma noce.

SIR WATSON.

Vous vous mariez aussi ?

MAURICE.

Je l'espère.

SIR WATSON.

Bravo!

MAURICE.

Je viens retrouver dans l'Inde une femme dont la pensée n'a jamais quitté mon cœur ! Sa famille, d'origine française, habitait autrefois Pondichéry, où ma frégate était stationnaire, et c'est là que notre union se serait accomplie, si la guerre d'Orient n'était venue jeter entre nous quatre longues années de séparation.

SIR WATSON.

Voilà presque un roman.

MAURICE.

Oh! qui finira tout simplement par un mariage. — Hélène m'a donné son cœur, sa famille m'a promis sa main. Je ne doute ni de l'amour d'Hélène, ni de la parole de son père; vous voyez que mon histoire est prosaïque comme le bonheur!

SIR WATSON.

Ah ça! comment venez-vous retrouver ici une jeune fille que vous aviez laissée à Pondichéry? (On emporte les provisions; la nuit vient graduellement).

MAURICE.

J'ai appris que son père était venu se fixer, il y a trois ans, aux environs de Delhi; il fait, je crois, un grand commerce d'indigo.

SIR WATSON.

Allons! à vos amours, monsieur Maurice!

MAURICE.

A ceux de votre ami le capitaine!

SIR WATSON.

Un brave cœur aussi, celui-là.

LE TSCHEPRASSE, rentrant.

Tout est prêt pour le départ de Sa Seigneurie.

SIR WATSON.

Eh! en effet, la nuit est venue... d'honneur, monsieur Maurice, le temps passe vite avec vous... nous achèverons la route ensemble, n'est-ce pas?

MAURICE.

De grand cœur!

SIR WATSON se levant.

Quel carnage de cigares nous allons faire! — Le palanquin!

MAURICE.

Nous arriverons à la ville?

SIR WATSON.

Dans deux heures à peu près.

MAURICE, tirant sa montre.

A onze heures alors.

SIR WATSON, regardant la montre.

Ah! vous avez là un véritable bijou. — (Regardant de plus près et avec émotion.) Monsieur Maurice, d'où vous vient cette montre?

MAURICE.

D'un de vos compatriotes dont la batterie, devant Sébastopol, était voisine de celle que je commandais. — Dans une attaque de nuit, les Russes avaient eu sur nous l'avantage du nombre. Le commandant anglais et moi, nous avions été laissés pour morts dans la tranchée, un moment abandonnés par les nôtres. — Revenu à moi, je me traînai jusqu'à la batterie anglaise, d'où s'échappaient de tristes gémissements. Le commandant respirait encore. — Les Russes allaient revenir... je ne voulais pas abandonner mon camarade... Rassemblant ce qui me restait de forces, j'essayais de le soulever, mais il était frappé mortellement. — « Laissez-moi, me dit-il, c'est un cadavre qu'on trouvera ici tout à l'heure. Prenez et gardez cela en souvenir de moi. » Et il me tendait cette montre qui depuis ne m'a jamais quittée. (Sir watson baise furtivement la montre et cherche à cacher les larmes qui lui échappent).

MAURICE, surpris.

Qu'avez-vous, sir Watson? et pourquoi pleurez-vous?

SIR WATSON.

Cet officier se nommait lord Lansdale?

MAURICE.

Oui.

SIR WATSON.

Cet officier était l'aîné de notre famille, c'était mon frère!

MAURICE.

Votre frère!

SIR WATSON.

Il est mort bravement, n'est-ce pas?

MAURICE.

Certes, et nos ennemis m'ont aidé à lui rendre les honneurs militaires. Les Russes nous avaient entraînés avec eux dans la ville. Lord Lansdale expira la nuit même. Pour moi, je restai prisonnier longtemps. — Impossible de donner de mes nouvelles. et on avait dû me porter comme mort sur les états. — Sir Watson... c'est à vous que devait revenir ce legs d'un frère mourant, je n'en aurai été que le dépositaire.

SIR WATSON.

Non, non, gardez cette montre. Elle vous rappellera un noble, un digne compagnon d'armes, et aussi un ami, car je suis votre ami, entendez-vous, votre ami, à vous qui avez reçu le dernier serrement de main de mon frère. (Ils se serrent la main. — Le palanquin est amené).

SCÈNE VI

LES MÊMES, LES SOEURS DE CHARITÉ, puis AKDAR, LE FAKIR et LES INDIENS.

MAURICE, au Tscheprasse.

Où est mon matelot?

LE TSCHEPRASSE.

Monsieur, il est ivre mort!

MAURICE, à part.

Je m'en doutais!

LE TSCHEPRASSE.

Je l'ai fait hisser sur un éléphant.

SIR WATSON.

Très-bien! (A Maurice.) Montez donc!

PREMIÈRE SOEUR, sur le degré du Bengalow.

Voyage heureux, monsieur Maurice! que Dieu vous accompagne!...

DEUXIÈME SOEUR.

Que le souvenir de la France vous protége!

MAURICE, à part.

La France! (Haut.) merci, mes sœurs!

SIR WATSON, saluant les sœurs.

Salut aux sœurs des pauvres!... A Delhi! (Départ aux flambeaux. — Les sœurs rentrent dans le Bengalow quand la caravane est partie; alors les Hindous arrivent mystérieusement, entassent au bord du fleuve les branches qu'ils tiennent à la main et y mettent le feu sur un signe d'Akdar: on voit aussitôt d'autres feux s'allumer l'un après l'autre jusque dans les derniers lointains et le rideau tombe.)

ACTE DEUXIÈME

LA FAMILLE DU PLANTEUR.

La terrasse de l'habitation de la famille David. Terrasse dominant la campagne, au pied de laquelle on suppose que passe la route conduisant de Delhi à Meerut. On doit voir s'élever à l'horizon les hauts monuments de Delhi. A gauche du spectateur, aux deux premiers plans, les bâtiments d'habitation. A droite, aux deux premiers plans, riche massif de fleurs d'où s'élève un petit kiosque indien. Au troisième plan, l'entrée des ateliers. Au quatrième plan, la balustrade de la terrasse à laquelle on arrive par des degrés cachés par le kiosque. Cette décoration doit être chaude et brillante de ton. La terrasse elle-même est couverte en partie par une banne richement coloriée. — Au lever du rideau une servanee malabare sort de la maison et s'adresse aux mendiants.

SCÈNE PREMIÈRE

LA MALABARE, LES MENDIANTS HINDOUS, puis HÉLÈNE et PAUL.

LA MALABARE.

Voici l'heure des aumônes, et mademoiselle Hélène veut les distribuer elle-même aujourd'hui... Tenez, la voilà qui vient à nous avec le petit Paul, son frère. (A la vue d'Hélène, tous les mendiants s'inclinent.)

HÉLÈNE, avec bonté.

Mes amis, ce jour est un jour de fête pour ma famille, elle souhaite que vous en gardiez le souvenir; les aumônes seront doublées.—Ce soir, je devrai suivre l'époux qu'on m'a choisi... Oh! rassurez-vous, vous ne vous apercevrez pas de mon absence... le bon ange de notre foyer, c'est ma mère! Son cœur est un trésor de bonté! ma main distribue, mais c'est son cœur qui donne. (Elle commence à distribuer de l'argent.)

PAUL.

Veux-tu que je t'aide, sœur?

HÉLÈNE.

Oui, cher enfant, on t'a appris la prière, apprends la charité. (Après la distribution, les mendiants s'éloignent.)

PAUL.

C'est amusant de donner!

LA MALABARE.

A présent, vous allez déjeuner, monsieur Paul.

PAUL.

Déjeuner!... avec quoi?

LA MALABARE.

N'avez-vous pas vos tartelettes?

PAUL.

Tu les avais mises dans ma poche, c'est vrai, mais... je viens de les donner à un pauvre petit enfant qui avait plus faim que moi, va! (Soupirant.) Maman m'a grondé tout à l'heure, et ça m'a ôté l'appétit.

HÉLÈNE, souriant.

On t'a grondé, toi?

PAUL.

Oui, à cause de D'jâli, de mon chien... Ce matin, je ne l'avais pas trouvé, comme d'ordinaire, à mon réveil; je le cherche partout; enfin dans le jardin, et près de la haie de cactus, j'aperçois son collier à terre et tout déchiré, comme si on le lui avait arraché... ça m'effraye, je vais sur la route en appelant D'jâli! D'jâli!... Il me semble que de bien loin on me répond par un petit cri; je cours, j'arrive au bord du fleuve, et là, je vois mon pauvre chien, à bout de forces et qui ne pouvait plus regagner le rivage... J'étais seul, D'jâli allait se noyer, je lui crie : Courage! me voilà! et je me jette à l'eau tout habillé.

LA MALABARE.

Miséricorde!

HÉLÈNE.

Toi?

PAUL.

Eh bien! oui, moi!... Est-ce que je ne suis pas un homme? Oh! je nage bien, va... J'arrive bientôt jusqu'à mon chien, qu'on avait voulu tuer, bien sûr, car on lui avait attaché une pierre au cou, et elle était lourde; mais nous étions deux à la tirer... Si tu avais vu comme, une fois à terre, ce pauvre chien me caressait... Je l'ai ramené bien vite à la maison; je cherchais la Malabare pour avoir des habits quand j'ai rencontré maman dans le parloir... elle m'a demandé d'où je venais, et, quand elle a su ce que j'avais fait, elle est devenue toute pâle, elle m'a serré dans ses bras, et puis après, elle m'a grondé... oh! mais grondé!... C'est ma faute aussi, j'aurais dû la tromper... mais l'idée ne m'est pas venue de mentir... et puis, mentir... je crois que je ne saurais pas.

HÉLÈNE, l'embrassant.

Bon et brave cœur !

PAUL.

Oh! la voilà!... tâche donc qu'elle me pardonne.

SCÈNE II

LES MÊMES, SUZANNE. (Suzanne sort de l'habitation toute préoccupée d'une pensée pénible. Elle traverse le théâtre sans voir personne et va s'asseoir sur un divan en canne, qui se trouve à droite au premier plan.

PAUL, bas à Hélène.

Vois-tu, elle est toujours fâchée, elle ne nous a rien dit.

HÉLÈNE.

Elle ne nous a pas vus.

PAUL.

Tu crois?

HÉLÈNE.

J'en suis sûre. (Elle s'approche doucement de Suzanne. Silence.) Ma mère? ma mère?

SUZANNE, comme rappelée à elle-même.

Ah! ma fille! mon Hélène!... (Elle l'embrasse.)

PAUL, se glissant entre sa mère et sa sœur.

Il n'y a donc que moi qu'on n'embrassera plus jamais?

SUZANNE, l'attirant à elle.

Méchant enfant! risquer ainsi ta vie!

PAUL.

Mais, maman, c'était pour D'jâli... il en aurait fait autant pour moi.

SUZANNE.

Tu n'as donc pas songé à ta mère!... ta mère, (tendant la main à Hélène) qui n'aura bientôt plus que toi.

PAUL.

Il n'y avait pas de danger... il ne pouvait pas m'arriver malheur.

SUZANNE.

Pourquoi?

PAUL.

Avant d'aller à D'jâli j'avais fait le signe de la croix, le bon Dieu me regardait.

SUZANNE.

Cher petit! garde pieusement ta foi... un vrai chrétien est toujours un honnête homme.

PAUL.

Tu me pardonnes, n'est-ce pas?

SUZANNE, l'embrassant.

Oh! oui... je te pardonne et je t'aime, mon enfant.
(Suzanne est entre ses deux enfants quand David paraît au fond. Il s'arrête pour contempler avec bonheur sa famille.)

SCÈNE III

LES MÊMES, DAVID.

DAVID.

Charmant tableau!

PAUL, allant à son père.

Papa... la paix est faite... maman ne m'en veut plus du tout.

DAVID.

Et pourquoi te garderait-elle rancune?... pour le bain de tantôt... allons donc!... je veux que mon petit Paul soit brave et hardi... (A Suzanne.) Il n'y avait rien à craindre, il nage comme un poisson, ce petit drôle-là.

PAUL, à sa mère.

Tu entends?... A présent, la Malabare, redonne-moi des tartelettes, l'appétit m'est revenu. (Il sort avec la Malabare.)

DAVID, à Hélène.

Comment! ta toilette n'est pas encore commencée?... mais l'heure approche; sir Williams, ton fiancé, sera certainement exact, et il ne faudra pas faire attendre le pasteur.

HÉLÈNE, posant sa tête sur l'épaule de son père.

Vous avez donc bien hâte de vous séparer de votre enfant?

DAVID.

Oh! c'est mal, ce que tu dis là.

SUZANNE.

Crois-tu donc, chère fille, qu'au moment où nous te

donnons, toi, notre plus précieux trésor, notre cœur ne se serre pas; crois-tu que demain, dans un an, toujours, tu ne laisseras pas dans ce cœur une place vide comme dans notre maison?... Mais l'amour d'un père... d'une mère... est peut-être le seul sentiment qui ne soit pas égoïste... On aime ses enfants pour eux et non pour soi... Nous t'avons accordée à sir Williams, parce que sir Williams est en tout point digne de toi, parce que cette union est pour nous la garantie de ton bonheur. Aujourd'hui, cher enfant, nous sourions et tu pleures; demain, les rôles seront changés, le sourire sera sur tes lèvres, les larmes dans nos yeux.

HÉLÈNE.

Pardonnez-moi, mes chers et bons parents! c'est sans contrainte, croyez-le bien, que je vous obéis et que je donne ma main; je rends, comme vous, justice à sir Williams, il a toute mon estime, mais à mon mari j'aurais voulu apporter mon amour... et mon amour est mort avec Maurice.

DAVID.

Pauvre Maurice! c'était aussi un noble cœur... et c'est avec joie que je l'aurais nommé mon fils. Le ciel, qui lui devait une heureuse vie, lui a du moins accordé un glorieux trépas.

HÉLÈNE.

Étrange chose! Vous savez combien j'aimais Maurice, vous, les seuls confidents de mon amour; la nouvelle de sa mort aurait dû me tuer... Eh bien, malgré les preuves qui m'ont été données de mon malheur, je doute, j'espère encore.

DAVID.

Ne t'ai-je pas fait lire l'article du journal officiel? le doute n'est malheureusement plus permis. Garde dans ton âme comme un pieux souvenir, la mémoire de Maurice et laisse sir Williams te faire heureuse. Tiens, quand j'ai perdu ma mère... ma mère que j'adorais, j'ai cru que la tendresse même de Suzanne serait impuissante à me consoler Suzanne t'a donnée à moi, ma fille, certes, je n'ai pas oublié ma mère, son image est toujours là... mais la douleur n'y est plus.

SUZANNE.

Ton père a raison, il n'y a pas de regrets éternels : à côté d'un chagrin, Dieu met toujours une joie. Va t'habiller, mon Hélène. (A part.) Aujourd'hui elle pense encore à Maurice. Dans un an, agenouillée près d'un berceau, elle priera pour Williams. (Haut.) Va, ma fille... va.

SCÈNE IV

DAVID, SUZANNE.

DAVID, la suivant des yeux.

Elle aimera sir Williams et nous remerciera plus tard d'avoir un peu forcé sa volonté... oui, oui, elle sera heureuse !.. Vois donc, Suzanne, quelle belle journée ! je viens de parcourir nos plantations, la récolte sera merveilleuse, tout nous réussit, ma bonne Suzanne, Dieu nous protége. Ah ! je ne me suis jamais senti joyeux comme aujourd'hui.

SUZANNE, à part.

Pourquoi donc sa joie me fait-elle mal ?

DAVID, appelant.

Mohammed ! Mohammed !

SUZANNE.

Que veux-tu ?

DAVID.

Mon courrier.

SUZANNE, prenant les lettres sur une table placée près d'elle à sa gauche.

Le voilà... il y a pour toi une lettre de Calcutta.

DAVID.

Ah ! donne...

SUZANNE.

Tu l'attendais ?

DAVID.

Elle est du courtier qui m'a déjà fait des offres pour l'acquisition de notre factorerie d'indigo, (lisant.) il les renouvelle.

SUZANNE.

Sont-elles acceptables ?

DAVID.

Oui, oui, très-acceptables...

SUZANNE, vivement.

Et...

DAVID, pliant la lettre.

Et je les refuse...

SUZANNE, tristement.

Pourquoi ? N'es-tu donc pas assez riche ?

DAVID.

Notre fortune actuelle bien liquidée, bien claire, peut s'élever à un million deux cent mille francs environ.

SUZANNE.

Eh bien!

DAVID.

Certes, ce serait superbe si nous n'avions qu'un enfant, mais il faut songer à notre petit Paul. Écoute, Suzanne, en 1860 j'aurai regagné la dot que je donne à Hélène... Alors... Eh bien, alors nous verrons.

SUZANNE.

Ne sera-t-il pas trop tard?

DAVID.

Trop tard?

SUZANNE.

Tiens, David, je ne sais quel sombre pressentiment me poursuit et me dit que notre prospérité touche à son déclin: chaque nuit, et dans des rêves horribles, je me vois entourée de flammes, couverte de sang... du tien, David!...

DAVID.

Oh! cauchemar et folie.

SUZANNE.

Sans doute, mais écoute-moi, mon ami. Dans quelques mois, sir Williams aura fini son temps de service dans l'Inde, il sera donc libre de retourner en Europe; alors avec lui et nos enfants, nous pourrions revoir la France, notre cher et beau pays! David, je ne t'ai apporté en dot que mon amour, je n'ai donc pas le droit de peser dans tes résolutions; mais, si tu pouvais comprendre avec quel bonheur je reverrais ma Touraine où je suis née, mon village que j'ai quitté orpheline, mais où je retrouverais le tombeau des miens. Oh! si tu comprenais cela... tu ne me refuserais pas cette suprême joie.

DAVID.

Chère amie, je comprends ton désir; mais tu me permettras de ne pas partager tes craintes.

MOHAMMED, annonçant.

Sir Williams Hoods, sir Robert Watson. (Il introduit Williams et Watson. Williams est en grande tenue, Watson a une toilette irréprochable. Mohammed se retire.)

SCÈNE V

LES MÊMES, WILLIAMS, WATSON.

WILLIAMS.

Permettez-moi, monsieur David, et vous madame, de vous présenter le lieutenant Robert Watson, mon ami d'enfance, mon camarade à l'université et mon compagnon d'armes.

DAVID.

Votre main, monsieur.

SUZANNE.

Soyez le bien venu sous notre toit, sir Watson.

WATSON.

Pardonnez-moi, mistress, de me laisser présenter à vous dans un pareil négligé, mais Williams était si pressé... si je l'avais écouté, je n'aurais pas pris le temps de mettre mes gants.

WILLIAMS.

Il te faut une heure pour cette opération-là...

WATSON.

Mon ami, les gants ne vont bien que lorsqu'on ne peut pas les mettre.

SUZANNE.

Vous venez de parcourir une longue et pénible route?

WATSON.

Oh! la fatigue n'est rien, mais la poussière a pénétré mes malles et gâté tout mes effets...

SUZANNE.

Vous arrivez de Calcuta? (Elle le fait placer près d'elle sur le divan.

WATSON.

Oui, mistress.

SUZANNE.

Et quelles nouvelles apportez-vous?

DAVID, à Willams.

Nous avons à causer. (Ils marchent au fond en parlant bas.)

WATSON, à Suzanne.

Ma foi, mistress, il n'y avait rien de nouveau là-bas, si ce n'est les modes venues de France et qui sont ravissantes comme tout ce qui nous arrive de ce bon pays-là. Moi, d'abord, j'adore la France! je puis vous avouer cela, mistress :

Williams ne m'aurait pas dit que vous êtes Française, que je l'aurais deviné déjà rien qu'à votre accueil franchement cordial. Il faut six mois pour connaître une Anglaise, il ne faut qu'une heure pour aimer une Parisienne.

DAVID, à Williams.

J'ai reçu les papiers que j'attendais de la Présidence.

SUZANNE, à Watson.

N'avez-vous donc pas entendu parler d'une première explosion de mécontentement parmi les troupes indigènes du Bengale ?

WATSON.

Ma foi, mistress, on s'occupait fort peu de ces choses-là à Calcutta.

DAVID, riant.

Ah ! on est plus craintif ici.

WATSON.

Vraiment?...

WILLIAMS.

Oui... on s'inquiète, bien à tort selon moi, des allures mystérieuses de certains personnages parcourant les campagnes et distribuant aux habitants des gâteaux de forme bizarre ou des fleurs de lotus.

SUZANNE, à Watson.

Ainsi, monsieur, vous n'avez rien vu sur votre route qui puisse justifier nos alarmes?

WATSON.

Absolument rien. (Se tournant vers Williams.) Ah! hier, aux portes de Delhi, j'ai rencontré une caravane de jongleurs et de bayadères qui se rendaient au palais ; aussitôt j'ai pensé à ta noce, Williams, et j'ai confisqué la caravane : jongleurs et bayadères sont à moi jusqu'à demain... C'est vous dire, mistress, qu'ils sont à vous.

LA MALABARE, entrant.

Mademoiselle Hélène est prête. Le parloir se remplit de monde et le pastour est au temple.

DAVID, à Mohammed.

Fais vite avancer les voitures au pied de la terrasse.

SUZANNE.

David, va recevoir nos invités ; moi, je vais chercher ma fille... (A Williams.) votre femme, mon ami. A tout à l'heure, messieurs, à tout à l'heure. (Suzanne, David, Mohammed et la Malabare sortent.)

SCÈNE VI

WILLIAMS, WATSON.

WATSON.

Elle est charmante, ta belle-mère... si sa fille lui ressemble...

WILLIAMS.

Oh! tu vas voir, Hélène est...

WATSON.

Un ange!. c'est convenu, de plus elle t'adore, n'est-ce pas?

WILLIAMS, tristement.

Elle?... (Soupirant.) Ah! Watson, aujourd'hui on va nous unir, aujourd'hui Hélène se donne à moi... Eh bien, aujourd'hui encore, sa pensée sera à un autre.

WATSON.

A un autre! Tu as un rival et tu ne l'as pas tué?

WILLIAMS.

Il est mort depuis deux ans.

WATSON.

Depuis deux ans? Et on y pense encore?

WILLIAMS.

Oui, et je suis jaloux de ce souvenir... qu'on m'a loyalement avoué...

WATSON.

Ce souvenir n'est qu'un rêve que ton amour effacera bien vite.—Ha! ce soir, à ton bal, je te présenterai un jeune homme charmant, que je voulais amener avec moi, mais il m'a quitté pour courir aussi à ses amours, et nous ne devons nous revoir que tantôt. C'est un brave soldat, un camarade de Crimée; je te demande pour lui ton amitié.

WILLIAMS.

Il sera bien accueilli dans ma maison qui, d'ailleurs, sera la tienne.

WATSON.

Merci.

SCÈNE VII

LES MÊMES, LA MALABARE, AKDAR, SERVITEURS HINDOUS.

LA MALABARE, entrant.

Tout le monde est prêt, et on n'attend plus que sir Williams pour se rendre au temple.

WILLIAMS.

Viens... tu vas connaître mon Hélène!... (Ils sortent suivis de la Malabare; rentrent les serviteurs, puis Akdar.)

UN SERVITEUR, faisant sonner de l'argent.

Bon maître, sir David.

AKDAR, sortant d'un groupe.

Oui, bon maître.

TOUS.

Akdar!

AKDAR.

N'avez-vous pas vu déjà le Fakir? Ne vous avait-il pas annoncé ma venue?

LE SERVITEUR.

Si.

AKDAR.

Êtes-vous prêts?

LE SERVITEUR.

Nous attendons.

AKDAR.

Quoi?

LE SERVITEUR.

Le signal qui doit nous venir de Meerut.

AKDAR.

Il ne se fera pas attendre, et c'est d'ici qu'à ce signal je ferai, moi, la première réponse.

LA MALABARE, rentrant.

Allons, retirez-vous. C'est sur cette terrasse qu'on va disposer la collation; c'est ici que se donnera la fête au retour du temple.

AKDAR.

Ah! il y a fête chez sir David?

LA MALABARE.

Akdar!

AKDAR.

Oui. Le serviteur que sir David avait dénoncé, livré.

LA MALABARE.

Tu avais volé!

AKDAR.

Ah! sir David est un maître juste. Il m'avait livré aux juges et j'étais perdu si une main inconnue n'avait, durant la nuit, ouvert la porte de ma prison.

LA MALABARE, à part.

Cette main, je la connais, moi.

AKDAR.

Oh! tout a prospéré ici depuis trois ans. La fortune du maître a grandi, et miss Hélène est devenue belle, oui... bien belle.

LA MALABARE.

Akdar, ne reste pas ici... si tu étais reconnu... Songe que tu es condamné.

AKDAR.

Aujourd'hui, femme, c'est moi qui condamne! (Il sort, entouré par les serviteurs, qu'il excite.)

SCÈNE VIII

LA MALABARE, puis THOMAS.

LA MALABARE.

Cet homme m'épouvante!... Avec lui le malheur serait-il entré dans cette maison?

THOMAS, à des serviteurs qui dressent un buffet.

Je suis bien ici chez sir David? Eh, oui, vraiment, je reconnais la Malabare, la nourrice du petit Paul... La Malabare... tiens, je vous trouve brunie.

LA MALABARE.

Monsieur Thomas!

THOMAS.

Thomas, dit Bastringue, qui ne voyage pas dans l'Inde pour son agrément; crédié, quelle chaleur! Je boirais bien quelque chose, la Malabare?

LA MALABARE.

De la limonade?

THOMAS.

Oui, c'est ça... du rhum!

LA MALABARE, apportant un verre et une bouteille pris au buffet.

Voilà.

THOMAS.

Voyez-vous, la Malabare, quand le dehors brûle, il faut chauffer le dedans, pour rétablir l'équilibre. (Il boit.) Hem! il est fameux votre rhum, bigre! Il me semble que j'avale douze rayons de soleil... A votre santé, la Malabare!

LA MALABARE.

Votre vaisseau est donc revenu?

THOMAS.

Oui... station des Indes! jolie faction! Ah ça, quand vous

déménagez, vous autres, ça n'est pas pour aller loger en face. On arrive de confiance à votre domicile et on demande : Sir David, s'il vous plaît ? — Sir David ? à Delhi, monsieur, à trois cents lieues ! — Merci, monsieur. » Enfin, trois cents lieues, ça peut encore se faire. Voyons, la Malabare, tout le monde va bien dans votre cambuse ?... Monsieur et madame David ? le petit Paul, qui doit faire un joli mousse à présent ? Et mademoiselle Hélène ? toujours belle ? toujours bonne ? je suis sûr qu'elle sera contente de me revoir.

LA MALABARE, *vivement.*

Oh ! il ne faut pas qu'elle vous revoie, aujourd'hui surtout, vous lui rappelleriez...

THOMAS.

Quoi ?

LA MALABARE.

Non... ne la revoyez pas ! Avec qui donc êtes-vous venu ici ?

THOMAS.

Avec qui ? avec mon commandant ; et je me suis poussé en éclaireur pour vous annoncer monsieur Maurice Bernard.

LA MALABARE.

Hein ? qu'est-ce que vous dites ?

THOMAS.

Dieu me damne, la Malabare, je crois que vous blêmissez !

LA MALABARE.

Mais, monsieur Maurice Bernard est mort.

THOMAS.

Mort. Ah ! oui, oui. (*Riant.*) C'est vrai, il a été mort comme lieutenant, il est ressuscité capitaine.

LA MALABARE.

Je ne vous comprends pas.

THOMAS.

Ça ne fait rien. Le plus pressé, c'est de rassurer tout le monde, mademoiselle Hélène, surtout. Pauvre petite, elle se sera crue veuve... avant de.. c'était triste... où est-elle ?

LA MALABARE.

Au temple.

THOMAS.

J'y cours !

LA MALABARE.

Non, vous arriveriez trop tard.

THOMAS.

Trop tard ?

LA MALABARE.

Tout est fini maintenant. Elle est mariée...

THOMAS.

Mariée?... qui, qui, mariée?...

LA MALABARE.

Mademoiselle Hélène.

THOMAS.

Mille canonnières! ça n'est pas possible!

LA MALABARE.

Monsieur David croyait avoir la preuve... Miss Hélène a bien pleuré, elle aimait toujours monsieur Maurice.

THOMAS.

Mais elle en a épousé un autre, et nous arrivons juste pour la noce, et nous avons fait trois cents lieues pour ça... et mon commandant, qui va venir!...

LA MALABARE.

Oh! non, qu'il ne vienne pas, qu'il ne se montre pas... Et tenez, voici tout le monde qui revient du temple. Retournez aujourd'hui auprès de monsieur Maurice, dites-lui, expliquez-lui...

THOMAS.

Jolie commission! Qu'est-ce que vous voulez que je lui dise?

LA MALABARE.

Dites-lui que s'il se présente aujourd'hui devant mademoiselle Hélène, il la tuera... Il ne voudra pas la tuer... les voilà, oh! partez!

THOMAS.

Je vais tâcher de lui dorer la pilule.

LA MALABARE.

Mais partez, partez donc!

SCÈNE IX

DAVID, HÉLÈNE, WATSON, SUZANNE, WILLIAMS, INVITÉS.

SUZANNE *entre effrayée, tenant Paul par la main.*

Paul, mon enfant, tu ne me quitteras plus!...

DAVID.

Suzanne, qu'as-tu donc?... Pourquoi ce trouble... ce désordre?...

WATSON.

Mistress David songe encore à ce sournois de fakir... dont elle m'a empêché tout à l'heure de châtier l'insolence.

DAVID.

Qu'est-ce donc ? (On se rapproche et on écoute.)

WATSON.

Vous marchiez à quelques pas derrière nous et vous n'avez pas vu ce vieux fou qui, étendu sur la route, aux bords de la Jumna, nous fermait le passage et restait sourd aux cris de nos gens.

SUZANNE, à David.

Oui, un pauvre fakir couché, la face contre terre et sans doute brisé par la fatigue...

WATSON.

Du tout, le drôle se moquait de nous, et sans votre généreuse intervention, je lui aurais fait prendre dans le fleuve un bain, dont certes il a grand besoin.

SUZANNE.

Toute violence me fait peur ; ce vieillard attendait peut-être une aumône... Je la lui fis porter par Paul qui, se penchant vers lui, glissa doucement une pièce de monnaie dans sa main. Le fakir se releva aussitôt et recula jusqu'au bord du sentier. « Les chemins seront bientôt libres, cria-t-il d'une voix qui retentit jusqu'au fond de mon cœur, les adorateurs du vrai Dieu triompheront demain. » Puis, quand je passai près de lui, toute émue, il regarda Paul et murmura tout bas ces mots, qui m'ont glacée d'épouvante : « Pauvre enfant, cette aumône ne pourra pas te servir de rançon. »

WATSON.

Pour Dieu, mistress, c'est vous occuper trop longtemps d'un misérable fakir : ces prétendus inspirés sont seuls à croire encore à leurs sottes prédictions.

DAVID.

Sir Watson a raison ; puis, vois-donc, Suzanne, nos invités s'inquiètent et s'attristent.

WATSON.

C'est vrai... d'ailleurs, j'ai hâte de vous présenter mes jongleurs et mes bayadères... ils sont là... et n'attendent que mon signal.

SUZANNE.

Donnez-le donc, cher hôte.

DAVID, aux domestiques.

Et vous, versez du champagne !... (Sur un signal donné par Watson, on voit paraître des jongleurs et des bayadères. — Ballet. — Divertissement.)

SCÈNE X

LES MÊMES, MOHAMMED.

MOHAMMED.

Sir Williams!...

WILLIAMS.

Que me veux-tu?

MOHAMMED.

Le sergent Steward, de votre compagnie, est là, qui demande à parler à Votre Seigneurie.

WILLIAMS.

Plus tard ! plus tard !

MOHAMMED.

Il dit qu'il est porteur d'un ordre du brigadier général.

WILLIAMS.

Vraiment?

DAVID.

Fais entrer ce digne sergent. (Steward entre et s'approche silencieusement de Williams.)

WILLIAMS, bas.

Que se passe-t-il donc, Steward?

STEWARD, bas.

Lisez, capitaine.

WILLIAMS, à part.

Voilà qui est étrange. (Il prend la lettre et lit.) Ciel!...

SUZANNE, avec inquiétude.

Que contient donc ce billet?

WILLIAMS, se remettant.

L'ordre de me rendre à l'Arsenal.

WATSON.

Demain?

WILLIAMS.

A l'instant même.

WATSON.

Allons donc! te mettre de garde une nuit de noces, ça n'a pas le sens commun!

WILLIAMS.

L'ordre est formel, il n'admet ni délai, ni retard.

WATSON.

Ma foi, à ta place...

WILLIAMS.

Avec un bon cheval, la distance sera vite franchie... et je serai bientôt de retour, j'en suis sûr... Ainsi donc, à tout à l'heure, mes amis. (Bas à David, en lui donnant la lettre.) Lisez, monsieur, lisez. (Haut.) Hélène, ma femme, à bientôt. (Il sort.)

SCÈNE XI

LES MÊMES, moins WILLIAMS.

SUZANNE.

Il faut qu'il soit survenu de bien sérieux événements pour qu'on rappelle ainsi Williams à l'Arsenal.

WATSON.

Mais non!... il s'agit tout simplement, je le parierais, de quelque grand personnage de la Présidence, dont on aura appris la visite inattendue, et on veut qu'il trouve chacun à son poste... Ah! Williams est un meilleur soldat que moi! (Regardant Hélène.) J'aurais risqué la salle de police...

DAVID, à part.

Qu'ai-je lu!...

SUZANNE, courant à lui.

David! David! Il y a un malheur!

DAVID.

Tais-toi. (Aux serviteurs.) Sortez! (Les serviteurs sortent).

HÉLÈNE.

Qu'avez-vous donc, mon père?

SUZANNE, avec fermeté.

David, devant la menace du danger, j'ai pu me montrer défaillante et lâche : Devant le danger lui-même, je serai forte et brave... parle, mon ami, parle.

DAVID.

Eh bien! les troupes indigènes cantonnées à Meerut se sont révoltées et ont massacré tous leurs officiers. Ces troupes marchent à présent contre la ville.

SUZANNE.

Notre habitation est sur leur route. Nous sommes perdus.

— Le pillage, l'incendie, le meurtre! Oh! mes rêves! mes rêves!

DAVID.

Avec nos serviteurs, qui me resteront fidèles, j'en suis sûr, je puis faire ici une vigoureuse résistance... Pour vous, messieurs, je crois prudent de regagner la ville, et pour que vous puissiez au besoin protéger ces dames et les défendre, je vais vous faire donner des armes. A moi, Mohammed! à moi! Donne à ces messieurs ce qu'il reste ici de carabines et de revolvers. — Tout le monde est armé déjà?

MOHAMMED.

Oui, maître. (Il sort).

SUZANNE, à la Malabare.

Sarah! emmène Paul et ne le quitte plus!

WATSON, buvant un verre de Champagne.

Allons, il était écrit là-haut que la noce serait triste. (Mohammed, suivi de serviteurs, apporte des fusils et des pistolets. — Au moment de la distribution des armes, on entend une brillante fanfare de cavalerie.)

WATSON.

C'est la fanfare des dragons de la reine. (Il court au fond.) Oui, je reconnais l'uniforme... Eh! je ne me trompe pas... C'est le brigadier général qui les commande... Ils vont au-devant de la révolte. (Les invités agitent les mouchoirs en criant vivat!)

WATSON.

Pardieu! je serai des leurs.

DAVID.

Y pensez-vous? aller vous battre en habit noir!

WATSON.

Je comptais sur un bal, et voilà une bataille qui se présente : le bal me manque, je ne manquerai certainement pas la bataille! (Il sort en courant.)

DAVID, aux invités.

A présent, partez, et que Dieu vous garde.

LES INVITÉS sortent en répétant.

Dieu vous garde!

SCÈNE XII

DAVID, SUZANNE, HÉLÈNE.

DAVID, à sa femme et à sa fille.

Vous auriez dû les accompagner, peut-être.

HÉLÈNE.

Te quitter, père!

SUZANNE.

Je te l'ai dit, David, le péril a ranimé mon courage et m'a rendu toute ma force. Nous ne partirons d'ici qu'avec toi. (Mohammed rentre. Il regarde avec effroi derrière lui.)

DAVID.

Eh bien! Mohammed, qu'as-tu donc, pourquoi trembletu?...

MOHAMMED.

Ah! maître, vous êtes trahi!

DAVID et SUZANNE.

Trahis!

MOHAMMED.

Par tout le monde.

DAVID.

Explique-toi donc.

MOHAMMED.

A peine les serviteurs ont-ils été armés qu'ils ont tous quitté la factorerie. Il ne reste plus ici que moi et la Malabare qui est auprès de l'enfant.

HÉLÈNE.

Abandonnés!

SUZANNE à David.

Par ces hommes qui t'appelaient leur bienfaiteur, leur père, et qui, ce matin encore, portaient, en lui souriant, mon petit Paul dans leurs bras...

MOHAMMED.

S'ils vous ont quitté, maître, au moins ils ont respecté votre maison. Ils n'ont pas fait ce qu'ont fait les autres. Au loin, dans la campagne, on voit la lueur des incendies.

HÉLÈNE.

C'est vrai... Tenez, là-bas, c'est la factorerie Gibson qui est en flammes!

LA MALABARE, du seuil de l'habitation.

Maîtresse, voici un billet qu'un messager apporte en toute hâte. Il est de sir Williams...

TOUS LES TROIS.

De Williams!

SUZANNE.

Donne, donne! (Lisant.) « Les désordres sont bien plus » graves que nous ne pouvions le supposer. Abandonnez

» votre habitation, que le pillage et l'incendie n'épargneront pas... Venez en ville pendant que le brigadier général fait tête aux rebelles de Méerut, et pendant que le pont de bateaux est encore libre. Je suis de garde à l'Arsenal, et là vous seriez en sûreté. Courage, mon Hélène, courage, mes amis, je vous attends.

» WILLIAMS HOODS. »

SUZANNE.

Il n'y a pas un moment à perdre... il faut partir.

HÉLÈNE, regardant son père.

Oui, mais partir tous !

DAVID.

Y penses-tu ?... Abandonner tout ce que je possède, livrer ma fortune aux pillards, sans tenter au moins de la défendre !...

SUZANNE.

Ils te tueront, David, et notre seule, notre vraie fortune, c'est toi !

HÉLÈNE.

Si vous voulez rester, mon père, nous resterons. Si vous voulez mourir, nous mourrons.

DAVID.

Non, non... laissez-moi prendre au moins l'or et les billets que j'ai là dans ma caisse...

SUZANNE.

Prends ton trésor, David... moi, je vais chercher le mien !

SCÈNE XIII

HÉLÈNE, seule.

Oui, allez... d'ici je domine la campagne et je veille. (Elle va au fond et regarde.) Mon Dieu ! sauvez ma famille ! sauvez Williams, et prenez ma vie à moi... alors, et sans manquer à la foi jurée, j'irai à toi, Maurice. (Revenant avec épouvante.) Ah ! je suis prise de vertige... je suis folle... là... tout à l'heure... sur cette route... j'ai cru voir Maurice !... Maurice qui accourait vers moi en me tendant les bras... Oui, je l'ai vu... là... là... (Elle va remonter, quand un cri parti de l'habitation, l'arrête.) Ah ! c'est la voix de ma mère !... (Une lueur d'incendie brille dans l'habitation.) Ah ! le feu !... le feu !

LA VOIX DE SUZANNE, au dehors.

Au secours ! à moi !...

HÉLÈNE.

Me voilà, ma mère, me voilà ! (Elle va s'élancer vers l'habitation d'où sortent alors des serviteurs hindous, une torche à la main; derrière eux, paraît Akdar.

SCÈNE XIV

HÉLÈNE, AKDAR, SERVITEURS, puis MAURICE, THOMAS, SUZANNE, DAVID et MOHAMMED.

AKDAR.

Nous avons répondu au signal venu de Méerut.... A présent, au maître. (S'arrêtant devant Hélène, dont la voix est éteinte par l'effroi.) Hélène! la belle Hélène!... ce sera ma part de butin. (Au moment où il va s'emparer d'Hélène, Maurice et Thomas paraissent au fond; ils font feu de leurs pistolets et renversent deux Indous. Adkar s'échappe.)

SUZANNE, entre, tenant Paul dans ses bras.

Ah! nous avons trop tardé!

DAVID, accourant avec Mohammed, armés tous deux de carabines.

Partons, nous serons deux au moins pour protéger votre fuite.

MAURICE, allant se placer près de David.

Nous serons quatre, monsieur David.

DAVID et SUZANNE.

Maurice!

HÉLÈNE.

Vivant!

THOMAS.

Oui, quatre hommes solides, monsieur David!... nous tâcherons de nous passer de caporal. (Au moment où ils se disposent à partir, les Indous, conduits par Akdar, reparaissent; mais ils sont tenus en respect par Maurice, David, Thomas et Mohammed, qui les couchent en joue, et font aux deux femmes et à l'enfant un rempart de leurs corps.

ACTE TROISIÈME

LA POUDRIÈRE DE L'ARSENAL. — L'INCENDIE.

Le théâtre représente l'esplanade du magasin dans l'arsenal de Delhi.

SCÈNE PREMIÈRE

WILLIAMS, seul.

Ils ne viennent pas! ont-ils reçu mon message, et s'ils l'ont reçu, leur sera-t-il possible d'atteindre l'Arsenal? —

Sir David est énergique et brave, mais il est seul avec deux femmes, un enfant, et pour arriver jusqu'ici la pauvre famille doit traverser toute une ville en proie aux démons de l'enfer! Qui sait? peut-être valait-il mieux pour eux tous rester à la factorerie, et je me reproche par instants de leur avoir conseillé la fuite... Si je les avais perdus en voulant les sauver?

SCÈNE II

WILLIAMS, STEWARD, puis SIR WATSON.

WILLIAMS.

Quelles nouvelles, sergent Stewart?

STEWARD.

Je crois, capitaine, que les brigands renoncent à nous attaquer ce soir ; ils se sont retirés en masse, et les environs de l'Arsenal sont redevenus assez tranquilles; on n'entend plus de fusillade que du côté de la tour du Pavillon.

WILLIAMS.

Où est Watson?... Après le combat livré aux rebelles de Méerut, combat où il a follement chargé en toilette de bal, sir Watson a eu l'imprudence de rentrer dans Delhi : heureusement, il a pu parvenir jusqu'à l'Arsenal, où du moins il est en sûreté. — Que fait-il, ce cher Watson?

STEWARD.

Il est en ville, capitaine.

WILLIAMS.

En ville?

STEWARD.

Je l'ai vu sortir, il y a une heure, par la porte du Parc.

WILLIAMS, à part.

Le major lui aura confié sans doute quelque importante mission. (Haut) Était-il bien déguisé, du moins?

STEWARD.

Pas du tout, capitaine; sir Watson était en grande tenue militaire.

WILLIAMS.

Le malheureux! mais il va se faire mettre en pièces.

STEWARD.

Eh! non, capitaine, le voici! (à part et sortant.) Aussi tranquille que s'il revenait de la parade.

WATSON.

Bonsoir, Williams.

WILLIAMS.

D'où viens-tu?

WATSON.

Mon cher, tu as devant toi l'homme le plus contrarié du monde.

WILLIAMS.

Dis-moi donc d'où tu viens?

WATSON.

Pardieu! du logement où j'étais descendu hier, à mon arrivée, dans la rue de Kachemyr.

WILLIAMS.

Et tu es vivant!

WATSON.

Je crois que oui.

WILLIAMS.

Il n'y a que toi au monde pour commettre une telle imprudence!

WATSON.

Ne me gronde pas! que veux-tu? J'étais inquiet de mes malles et surtout de mon nécessaire de voyage. — Un bijou qui vient de chez Tahan.—Ah! ces brutes de pillards ont tout mis dans un bel état! figure-toi qu'il ne me reste pas une lime à ongles, pas une brosse, pas un flacon!.. pour remonter ma parfumerie, j'ai poussé jusqu'au bazar, mais ces poltrons de marchands avaient quitté leurs boutiques, sous prétexte que le bazar brûlait, et je rentre ici les poches vides... pas seulement une savonnette. Oh! c'est désolant. Voici ma campagne de Crimée qui recommence!

WILLIAMS.

Peux-tu te préoccuper de pareilles niaiseries, au milieu de ces effroyables désastres?

WATSON.

Niaiseries! avec quoi veux-tu que je me fasse la barbe demain?

WILLIAMS.

Tiens, Watson, tu me ferais rire avec ton flegme et tes bizarreries, si je n'avais pas le cœur torturé de douleur et d'inquiétude.

WATSON.

Hé! que diable! tu n'es pas raisonnable de t'alarmer

ainsi. Tiens, seul, tout à l'heure, et avec ma cravache, j'ai châtié tout un troupeau de ces moutons enragés qui menaçait la famille David.

WILLIAMS.

La famille David! Tu en as des nouvelles?

WATSON.

Oui, des nouvelles excellentes... les David ont tout perdu, comme moi; leur fortune est dans le même état que mon bagage, pillée, saccagée, mais ils n'ont pas une égratignure. Ils avaient voulu se rendre à ton appel et chercher un refuge à l'Arsenal; mais ils ont été repoussés, entraînés par la foule jusqu'au jardin de la Présidence. — C'est là que j'ai reconnu M. David faisant bravement tête à l'ennemi. (*Montrant sa cravache.*) Il m'a suffi de cela pour faire brèche dans cette cohue et ouvrir un passage aux David jusqu'à la porte de Kaboul. C'est par cette porte qu'ils ont quitté la ville, pour aller gagner les bords du fleuve; ils ne peuvent manquer de trouver là une barque, et ils sont sauvés... Je les ai accompagnés jusqu'à la porte de Kaboul... par pure politesse... il n'y avait pas l'ombre d'un danger.

WILLIAMS.

Pourtant, on a tiré sur toi?

WATSON, *indifféremment.*

Sur moi?... je ne sais pas. — Ah! oui, oui... près de la caserne de Kellah, on tiraillait un peu et j'ai pris le bras de mitress David pour l'aider à traverser la place.

WILLIAMS.

Et pour lui faire un rempart de ton corps. Il y a deux trous de balle dans ton chapeau, et ton épaulette droite est coupée.

WATSON.

Oh! vraiment! un équipement tout neuf... je ne pourrai plus me présenter nulle part.

WILLIAMS.

Cher Watson, grâce à toi, je n'ai plus rien à craindre pour Hélène.

WATSON.

Hélène?

WILLIAMS.

A présent qu'elle est hors de la ville.

WATSON.

Hélène n'est donc pas ici?

WILLIAMS.

Ici ?

WATSON.

Sans doute. Toute la famille se rendait auprès de toi, quand un flot de cette marée stupide a violemment séparé miss Hélène des siens. A ce moment, les David touchaient presque à l'Arsenal, et les pauvres gens avaient cru voir leur fille arriver jusqu'à la grande porte, et cette porte se refermer sur elle.

WILLIAMS.

Mais, non, Hélène n'a point paru ici. Oh ! mon Dieu ! — Hélene perdue au milieu de cette révolte ! Mon devoir de soldat me cloue là, à mon poste, et mon Hélène est seule, sans défense !

WATSON.

D'abord, elle n'est pas seule... sir David me l'a dit... Hélène a un protecteur... et je réponds de celui-là, Williams, honneur pour honneur, courage pour courage.

STEWARD, rentrant

Le major Willoughby !

SCÈNE III

WILLIAMS, WATSON, LE MAJOR.

LE MAJOR.

Trahison partout, messieurs !... j'ai reçu l'ordre de rallier les troupes, et d'aller rejoindre ensuite le brigadier Grave, qui a pris position sur les collines.

WILLIAMS.

Les soldats de la Reine vont évacuer l'Arsenal ?

LE MAJOR.

Oui, capitaine... à l'exception du magasin à poudre, dont vous avez le commandement. Vous comprenez qu'il ne faut pas laisser à l'ennemi cet immense approvisionnement ; d'un autre côté, il ne faut mettre le feu à l'Arsenal que lorsque nos soldats seront assez éloignés pour n'avoir pas à souffrir de l'explosion. Mon cher Williams, c'est un terrible devoir que je vais vous confier, une effroyable consigne que je vais vous donner ; mais je vous connais, Williams, je connais les hommes que vous commandez, et je sais que le devoir sera accompli, la consigne rigoureusement exécutée.

WILLIAMS.

J'attends, Major.

LE MAJOR.

Vous vous défendrez jusqu'à la dernière extrémité, et quand toutes vos positions seront enlevées, vous ferez sauter la poudrière.

WILLIAMS.

Bien, major! quel nombre d'hommes me laissez-vous?

LE MAJOR.

Huit!

WATSON.

Sans compter le lieutenant Watson, qui a l'honneur de représenter ici la garnison de Calcutta. Ça fera donc neuf.

LE MAJOR.

Sir Watson, vous n'étiez pas de service à Delhi, je n'ai donc pas d'ordres à vous donner. Vous êtes libre de partir ou de rester, mais je vous adjure de me suivre. C'est assez du sacrifice des braves que leur devoir condamne à une mort presque certaine.

WATSON.

Major, j'ai toujours admiré les Grecs aux Thermopyles... ils étaient trois cents, nous ne serons que neuf et nous allons comme eux tenir tête à une armée. — C'est une occasion superbe que je ne retrouverais pas, permettez-moi d'en profiter. J'ai toujours aimé à bien vivre et je ne serais pas fâché de bien mourir! (Roulement de tambour au dehors.)

LE MAJOR.

Voici l'heure du départ. (Otant son chapeau.) Messieurs, je vous laisse à la garde de Dieu! (Il sort.)

SCÈNE IV

WILLIAMS, WATSON.

WILLIAMS.

Watson, tu ne resteras pas ici?

WATSON, froidement.

Je resterai.

WILLIAMS.

Rien ne te retient dans ces murailles... Watson, mon ami, je te le demande à mains jointes, sors de l'Arsenal avant que l'attaque ait commencé... N'attends pas la mort ici, va la chercher là-bas... peut-être trouveras-tu Hélène? peut-être, avec l'aide de Dieu, pourras-tu la sauver?

WATSON.

T'abandonner, toi, mon ami, mon frère!

WILLIAMS.

Eh! ne suis-je pas condamné? Tu ne peux rien, que tomber avec moi dans le gouffre qui tout à l'heure va nous engloutir. Si tu fais ce que je te demande, si la Providence met Hélène sur ta route... Oh! tu rendras une fille à sa mère! si tu ne peux faire cela qu'au prix de ton sang, je l'accepte, car il aura coulé pour Hélène. — Où vas-tu?

WATSON.

Où tu m'envoies!

WILLIAMS.

Merci et adieu! (Tendant la main à Watson.) Adieu, mon ami!

WATSON.

Bah! pourquoi pas au revoir? (Il s'arrête au moment de sortir.) Williams! (Ils se jettent silencieusement dans les bras l'un de l'autre. Il sort.)

WILLIAMS, seul.

Allons, le ciel a pris pitié de nous. C'est lui qui n'a pas permis qu'Hélène pût arriver jusqu'ici.

STEWARD, rentrant.

Capitaine! capitaine! voilà mistress Hélène.

WILLIAMS.

Elle! c'est elle! mon Dieu! mon Dieu! (Hélène entre accompagnée de Maurice, qui se tient à l'écart.)

SCÈNE V

WILLIAMS, HÉLÈNE, MAURICE.

HÉLÈNE.

Ma mère, sir Williams!... Je veux voir ma mère!... Elle est à l'Arsenal, n'est-ce pas, avec mon père et le petit Paul! Ils sont arrivés les premiers!... Eh bien? vous ne me répondez pas!... malheureuse... je ne les verrai plus!

WILLIAMS.

Calmez-vous, chère Hélène, votre famille est en sûreté, je vous le jure et je vais vous faire conduire auprès d'elle.

HÉLÈNE.

Vous quitter, vous, mon mari... vous que mille dangers menacent... non, je ne le dois pas; non, ma place est ici! (Jetant un regard sur Maurice.) Et je resterai... je reste!

WILLIAMS.

Hélène! écoutez-moi! c'est avec une suprême joie que je serre votre main dans les miennes et pourtant, il faut nous séparer.

HÉLÈNE.

C'est impossible!

WILLIAMS.

Vous ne pouvez rester ici, au milieu de ce tumulte et de ces armes! Je suis un soldat, moi; j'appartiens à l'Angleterre, et, séparé de vous par ma consigne, je ne vous protégerais pas peut-être autant que mon cœur le désire.

HÉLÈNE.

Je reste, vous dis-je!

WILLIAMS.

Mais je peux être tué!

HÉLÈNE.

Oh! ne dites pas cela!

WILLIAMS.

Pardon, Hélène, pardon de vous avoir follement effrayée!... pauvre femme! vous semblez épuisée de fatigue!

HÉLÈNE.

Oh! c'est vrai!... Tant d'émotions, tant de douleurs me brisent!

WILLIAMS.

Prenez au moins un instant de repos, là, tenez!... Entrez là! (A Part.) Comment la décider à partir?

HÉLÈNE, bas à Maurice.

Adieu, nous ne nous reverrons jamais!

MAURICE, de même.

Jamais!

WILLIAMS, se retournant.

Quel est cet homme?

HÉLÈNE.

Cet homme, sir Williams, c'est... c'est mon sauveur! (Elle sort rapidement.)

SCÈNE VI

WILLIAMS, MAURICE.

WILLIAMS, à part.

Ah! le protecteur dont me parlait Watson tout à l'heure. (Haut.) Soyez béni, monsieur, vous qui l'avez défendue! Je ne vous connais pas, mais l'honneur et la loyauté se lisent sur vos traits; Hélène vient de vous appeler son sauveur... Eh bien! monsieur, achevez votre œuvre de secours et de dévouement!... Emmenez Hélène loin de l'Arsenal... oh! bien loin! car ici, monsieur, c'est la mort pour elle, la mort pour tous! (Maurice écarte son manteau et laisse voir son uniforme.)

MAURICE.

Sir Williams, je me nomme Maurice Bernard.

WILLIAMS.

Vous! vous! (A part.) Maurice... qu'elle aimait! qu'elle aime encore peut-être! — Oh! mais il la sauvera de l'insulte et de l'outrage... oui, au péril de sa vie il la sauvera. (Un silence.) Monsieur Maurice Bernard, je connais le passé et votre nom seul m'a tout dit, je ne peux confier mon honneur à des mains plus loyales!... Vous aimez Hélène... eh bien! vous saurez mourir pour elle, s'il le faut. — Mourir pour elle! oh! c'est encore un bonheur que je vous envie!

MAURICE.

Quel serment vous faut-il, monsieur?

WILLIAMS.

Aucun... votre main dans la mienne, voilà tout.

MAURICE.

Que dois-je faire?

WILLIAMS.

Vous voyez d'ici les jardins de la Présidence, le chevet de l'église Saint-James et la caserne de Kellah! c'est le chemin que vous allez prendre pour gagner la porte de Kaboul... et qu'a déjà suivi la famille David... à trois milles environ de cette porte, à un endroit où le sentier qui longe la rivière s'engage dans un petit bois de mangliers, vous trouverez certainement une barque, vous ferez marché avec les bateliers indiens, ils vous conduiront au fort d'Agra, et une fois là Hélène sera sauvée.

MAURICE.

Et alors je m'éloignerai d'elle pour toujours... je vous le jure!

WILLIAMS.

Non! ne jurez pas! (A part.) Elle sera veuve alors! (Haut.) Un dernier service! Je ne veux pas la revoir... vous comprenez... j'ai besoin de tout mon calme... de tout mon courage... décidez-la seul à partir!... si elle s'étonne de mon absence, dites-lui que je ne suis plus à l'Arsenal, que mon service vient de m'appeler ailleurs... allez, monsieur, allez! (Maurice sort.)

WILLIAMS.

Je peux mourir maintenant! Il n'y a plus ici qu'un soldat!

SCÈNE VII

WILLIAMS, STEWARD, AKDAR, ARTILLEURS ANGLAIS.

STEWARD.

Capitaine, voici un parlementaire.

WILLIAMS.

Qu'il approche!... (On amène Akdar les yeux bandés.) Retirez-lui ce bandeau.

AKDAR.

Précaution inutile! quand l'Indien ne voit pas, il entend!... Akdar sait qu'il a devant lui toute la garnison de l'arsenal.

WILLIAMS.

Allons, parle! que demandes-tu?

AKDAR.

Il n'y a plus d'autres Anglais que vous dans la ville, je viens vous sommer de me remettre les clefs de la poudrière.

WILLIAMS, montrant les canons.

Elles sont là.

AKDAR.

Pas de bravade! vous savez bien que toute résistance est impossible!

WILLIAMS.

Elles sont là, te dis-je, et je vais les envoyer à ton maître avec la mitraille dont ces canons sont chargés jusqu'à la gueule.

AKDAR.

Mourez donc, orgueilleux! (Il va pour sortir et se trouve en face de Thomas.

SCÈNE VIII

LES MÊMES, THOMAS.

THOMAS.

Ah! te voilà, brigand!... nom de nom, j'ai bonne envie de te faire sauter la cervelle!

WILLIAMS.

Arrêtez!

THOMAS.

Mais, vous ignorez donc, mon officier, que, dans la bagarre de cette nuit, il a blessé monsieur Maurice et cherche à enlever mistress Hélène?

WILLIAMS.

Misérable!

AKDAR.

Akdar est venu ici en parlementaire.

WILLIAMS.

C'est vrai... va-t'en, alors, va-t'en!

AKDAR, à part.

Je saurai bien la retrouver, cette Hélène!

THOMAS.

Ecoute, mauricaud, je me suis mis dans la boussole que je te tuerais et je suis entêté, je suis Breton... donc, tu y passeras un jour ou l'autre... je ne te dis que ça. (Akdar sort.)

WILLIAMS.

Qui êtes-vous?

THOMAS.

Thomas dit Bastringue, maître canonnier de la frégate *l'Invincible*, et qui aujourd'hui ne voyage pas dans l'Inde pour son agrément particulier. Monsieur David, que j'accompagnais, est parvenu à sortir de la ville, et m'envoie vous dire qu'il va s'embarquer avec sa famille pour Agra.

WILLIAMS.

Ah! c'est le ciel qui nous a inspiré à tous les deux la même pensée.

THOMAS.

Monsieur David se tient caché à trois milles au-dessous de Delhi, dans un bois de mangliers, et il y attendra jusqu'au petit jour, vous, mistress Hélène, et monsieur Maurice, qui doivent être ici.

WILLLIAMS.

Ils sont déjà en route pour les rejoindre.

THOMAS.

Mon commandant est sauvé!... ouf!... j'ai une barre de moins sur l'estomac!

WILLIAMS.

Partez, maintenant, partez vite!

THOMAS.

Partir!... ça ne doit pas être commode... et puis ça sent la poudre... et dans un arsenal un canonnier n'est jamais de trop.

WILLIAMS, aux artilleurs.

A présent, camarades, partageons-nous la besogne... Steward, il faut, avant tout, creuser des rigoles, tracer des traînées de poudre...

WATSON, rentrant.

C'est fait.

WILLIAMS.

Watson!... Tu n'es pas parti?

WATSON.

J'avais vu entrer dans l'Arsenal celle que tu m'envoyais chercher, je n'avais plus de raison pour m'en aller, et je suis resté. Hélène et Maurice viennent de quitter la poudrière, nous sommes chez nous, nous pouvons nous faire sauter à notre fantaisie.

THOMAS.

Ah! ah! voilà comme ça se joue, ici!

STEWARD, au fond.

Capitaine, l'attaque commence. (Canonnade au dehors.)

WILLIAMS.

Tout le monde à son poste! Dès que vous serez débordés, enclouez vos pièces et repliez-vous sur cette dernière enceinte... Je ne vous demande pas de serment, mes amis; recommandez votre âme à Dieu et faites votre devoir.

TOUS.

Nous le ferons. (Dispositions de combat.)

THOMAS, enthousiasmé.

Bravo, mes gaillards!.. Voilà des hommes... des vrais hommes!... je m'y connais.

WILLIAMS.

Encore ici?

WATSON.

Eh! c'est monsieur Thomas!

THOMAS.

Oui, Thomas, dit Bastringue, qui vous demande l'honneur de rester avec vous pour la chose en question.

WATSON.

Mais, mon cher, tout cela ne vous regarde pas.

THOMAS.

Oh ! histoire de s'amuser en société... et de se donner un coup de main dans l'occasion... comme là-bas... Tenez, mon commandant, voilà une belle pièce qui s'ennuirait toute seule... j'vas galamment lui tenir compagnie.

WILLIAMS.

Je l'avais réservée pour moi.

THOMAS.

Alors, part à deux.

WILLIAMS.

Eh bien, soit!... aussi bien l'affaire est engagée, tu ne pourrais plus sortir.

THOMAS.

Merci, mon officier. (Cris au dehors.) Ah! nom de nom! Je commence à croire que je voyage dans l'Inde pour mon agrément particulier! (Le combat s'engage avec fureur.) Allons, branle-bas général!... En voilà des cris!... Attendez, mes amours, j' vas vous faire brailler pour quelque chose!

WILLIAMS.

Bien pointé, mon brave!... courage, Steward!

STEWARD, tombant sur sa pièce.

Courage! vous autres!...

WILLIAMS.

Mort!

WATSON.

Nous sommes débordés!... plus moyen de tenir!...

WILLIAMS.

A toi l'honneur, ami Watson. (Il lui donne une mèche allumée et se place près de lui.)

WATSON.

Merci. (Il penche la mèche vers la traînée de poudre.)

TOUS LES DEUX.

Vive la reine!... (Explosion formidable. Tout s'écroule et derrière les débris on aperçoit Delhi en flammes.)

ACTE QUATRIÈME

UNE NUIT DANS LES JUNGLES.

Une forêt aux bords de la Jumna, dont les sinuosités se perdent sous des branches entrelacées et des lianes pendantes. — La famille David et Maurice Bernard paraissent au fond sur une barque conduite par deux Indiens.

SCÈNE PREMIÈRE

MAURICE, SUZANNE, HÉLÈNE, DAVID, LE PETIT PAUL, DEUX INDIENS.

UN INDIEN.

Vous le voyez, maître, il nous est impossible d'aller plus loin.

DAVID.

Oui, le bateau s'enfonce et nous n'avons que le temps d'accoster le rivage... Maurice, aidez Suzanne à descendre... Viens, Hélène... Toi, Paul, dans mes bras. (A peine a-t-on mis pied à terre que la barque s'enfonce et disparait.) La barque a sombré! Comment cette voie d'eau s'est-elle déclarée si soudainement?

L'INDIEN.

Sans doute par le choc de quelque tronc d'arbre mort, voyageant en dérive.

MAURICE.

Il est étrange que nous n'ayons ressenti aucune secousse.

L'INDIEN.

Ma pauvre lanche! comme l'eau s'est vite refermée sur elle! c'était notre seul gagne-pain!

DAVID.

Ne vous désolez pas... je vous la payerai.

L'INDIEN, tendant vivement la main.

Merci, maître!

SUZANNE, bas à David.

Prends garde, David... ne leur laisse pas voir que tu as de l'or. (Haut.) Nous sommes pauvres, mes amis, bien pauvres, mais continuez à nous servir fidèlement et, plus tard, vous serez récompensés...

L'INDIEN, s'éloignant.

L'Indien est patient; l'Indien sait attendre.

MAURICE.

Ne serait-il pas possible de renflouer l'embarcation et de la hâler à sec afin d'aveugler cette voie d'eau?

L'INDIEN.

Oh! non, maître!... voyez, le rivage est à pic... on en serait venu à bout si l'accident était arrivé vingt pas plus haut ou plus bas, à un endroit où les berges de sable descendent en pente douce jusqu'au niveau du fleuve.

MAURICE.

C'est à croire qu'on s'est échoué ici tout exprès.

DAVID.

Fatalité incroyable! Cette barque était notre meilleur moyen de salut! Nous ne devons pas être loin du confluent des deux rivières?

L'INDIEN, montrant le fond.

Nous y étions parvenus, maître.

DAVID.

Nous sommes alors à dix lieues de Calpée, et de Calpée à Cawnpore la distance est courte; une fois à Cawnpore, nous étions à l'abri de tout péril. Dites-moi, careyars, ne pourrions-nous pas gagner cette dernière ville en pénétrant dans le Scindia?

L'INDIEN.

Le maître oublie que nous n'avons plus de barque et que le Scindia est de l'autre côté du fleuve.

DAVID.

C'est vrai.

PAUL.

Traversons-le, père! Je sais nager, moi.

DAVID.

Mais, cher enfant, et ta mère? Et ta sœur? comment nous suivraient-elles?

MAURICE, qui contemple en silence Hélène, qui est allée s'asseoir sur un tronc d'arbre, mais qui paraît insensible à tout ce qui se passe autour d'elle.

Elle souffre!... et je n'ose même pas m'approcher d'elle.

L'INDIEN.

Le mieux est de camper dans la jungle, à l'endroit même où nous sommes ; la nuit commence à peine, et jusqu'au jour le maître aura le temps de prendre un parti.

DAVID.

Il a raison !

L'INDIEN, à son compagnon.

Samid, allumons du feu.

SUZANNE.

Du feu?...

L'INDIEN.

Pour éloigner les tigres... (Ils ramassent des joncs desséchés qui s'enflamment rapidement.)

SUZANNE, à David.

Regarde donc notre Hélène, dans quelle morne stupeur elle est plongée !... (A Hélène.) Ma fille !

HÉLÈNE, qui suivait une idée fixe.

La poudrière a sauté !

SUZANNE.

Depuis notre départ, depuis la terrible explosion, elle n'a pas prononcé d'autres paroles !... Hélène, je t'en supplie, tourne les yeux vers nous !... C'est moi, ta mère...

HÉLÈNE.

La poudrière a sauté !

SUZANNE.

Est-ce que ma fille est devenue folle, mon Dieu !

MAURICE, à part.

C'est horrible ! (S'approchant d'elle.) Hélène !

HÉLÈNE, avec effroi.

Oh ! ne me parlez pas, vous ! ne me parlez pas.

PAUL.

C'est notre bon ami Maurice.

HÉLÈNE.

Maurice ? Ah ! ce nom me fait mal à entendre... Ne le prononcez jamais !... Je suis une veuve, moi, je suis la veuve de Williams ; il me faut des habits de deuil, et je dois les garder toute ma vie !... (Se jetant dans les bras de Suzanne.) O ma mère, je suis bien malheureuse !

SUZANNE.

Elle pleure ! elle est sauvée !

HÉLÈNE, à Suzanne et à David.

Pardonnez-moi tous les deux d'avoir ajouté ma douleur à toutes celles qui vous accablent.

SUZANNE.

N'étouffe pas tes sanglots, mon enfant, ne retiens pas tes larmes... c'est si bon de pouvoir pleurer.

HÉLÈNE.

Maurice!

MAURICE.

Hélène, il n'y a plus auprès de vous qu'un frère!

L'INDIEN.

Les femmes blanches doivent avoir besoin de repos, qu'elles se couchent sous ce deodora : nous leur avons préparé un lit d'herbes recouvert de larges feuilles de latanier.

DAVID.

Merci pour elles.

MAURICE.

En suspendant aux branches ces lambeaux d'étoffe, nous allons vous faire un abri. (Le petit Paul, après avoir causé avec sa sœur, qu'il a fait rasseoir, se joint à Maurice, et travaille aussi.

SUZANNE, à David.

Te rappelles-tu, David, cette gravure française qui ornait notre grand salon? Cette gravure représentait une pauvre famille, chassée de sa maison par des créanciers, et s'en allant à travers la campagne. Le père marchait seul en avant; la femme venait après, avec un enfant qui ne lâchait pas le bas de sa robe; une jeune fille suivait en pleurant. Qui m'eût dit, alors que je contemplais cette triste image, qui m'eût dit qu'avant peu notre famille, si heureuse et si riche, pourrait fournir aux crayons d'un artiste un pendant à ce tableau de douleur et de misère!

DAVID.

Du courage, chère femme!

SUZANNE.

Oh! j'en aurai, mon ami!

MAURICE.

Regardez, mesdames, ces hommes viennent de vous dresser là un véritable lit de repos.

SUZANNE.

Hélène... va t'étendre un peu sur ces feuilles.

HÉLÈNE.

Non... je ne veux pas vous quitter.

SUZANNE.

Quelques instants de sommeil te feront tant de bien! Sois raisonnable, ma bonne fille, Paul se couchera près de toi.

PAUL.

Je n'ai pas sommeil, moi, je veillerai sur ma sœur.

SUZANNE.

Allez... je vous rejoindrai bientôt moi-même.

HÉLÈNE, à part.

Oh! que je souffre! (Elle entre avec Paul sous la tente.)

MAURICE.

Je vais explorer le bois.

DAVID.

Soyez prudent... vous êtes armé?

MAURICE.

J'ai ma carabine.

DAVID.

Prenez aussi ce revolver... au moindre danger, faites feu, pour que je puisse courir à votre aide. (Maurice s'éloigne.)

SCENE II

LES MÊMES, moins MAURICE.

L'INDIEN.

Par Mahavedâ, frère, c'est une nuit superbe! (fredonnant, sans musique.)

Dangereuse est l'ombre
De la forêt sombre...
Le tigre veille, et le serpent
Siffle en rampant.

SUZANNE, qui fermait la tente sur ses enfants.

Ce refrain...

DAVID.

Qu'as-tu? Nous avons entendu souvent à la factorerie, nos travailleurs indous réciter cette chanson de Valmiki.

L'INDIEN.

Dangereuse est l'ombre...

DAVID.

Ne chantez plus... mistress David vous en prie... Voyons,

Suzanne, cherchons ensemble les moyens de continuer notre voyage.

SUZANNE.

A défaut de barque, ne nous serait-il pas possible de nous procurer quelques chevaux dans les environs?

DAVID.

Qui sait si nous ne serions pas trahis et livrés aux cipayes? La révolte a dû s'étendre jusqu'ici.

SUZANNE.

Eh bien, n'attendons notre salut que de Dieu et de nous-même! « Sois courageuse, m'as-tu dit tout à l'heure, et je t'ai répondu : Je le suis! » mets-moi à l'épreuve! Dès que les enfants seront reposés, nous repartirons, nous côtoierons à pied les bords de la Jumna.

DAVID.

C'est impossible! notre petit Paul ne pourrait nous suivre.

SUZANNE.

Charge-toi de nos bagages avec Maurice : Hélène et moi, nous porterons Paul à tour de rôle.

DAVID.

Pauvres femmes, c'est trop présumer de vos forces!... Je les connais, moi, ces sentiers de malheur qui n'ont pas été tracés par des hommes, mais par des bêtes fauves : marécages infects, précipices masqués par des lianes, voilà ce que nous trouverions sur cette route; après une heure de marche, vous tomberiez épuisées de fatigue, dévorées par la fièvre, mourantes!...

SUZANNE.

Que faire, alors? que devenir?

DAVID.

Et c'est moi qui suis la cause de tous ces malheurs!

SUZANNE.

Que dis-tu?

DAVID.

Oui, Suzanne, c'est moi! si je t'avais écouté, nous serions en Europe!... mais j'ai ri de tes pressentiments, et je les ai traités de chimères, moi, l'homme fort, le maître orgueilleux! — Quand ta main tremblait dans la mienne, quand tu évoquais les souvenirs de ton cher pays, quand tes yeux se remplissaient de larmes en se tournant vers la France, et que tu murmurais d'une voix suppliante : Partons! partons! Je me disais : faiblesse de femme! caprice d'enfant! et, dans ma vanité présomptueuse, dans ma confiance aveugle en moi-même, j'aurais trouvé presque humiliant d'écouter tes conseils, de céder à tes prières! tu vois bien, Suzanne, que c'est moi qui vous ai perdus.

SUZANNE.

Ne parle pas ainsi, la douleur t'égare!

DAVID.

Et c'est vraiment un noble but qui m'a retenu dans l'Inde! Mille autres à ma place se seraient contentés d'une aisance honorablement acquise... Allons donc! sir David, lui, n'a pas l'humble et modeste ambition des gens vulgaires! ce qu'il lui faut, c'est la fortune, c'est l'opulence! Il n'y a pas de bonheur au monde sans des millions! à l'œuvre, négociant avide! travaille, spécule, épargne, entasse! Insensé! qu'est-elle devenue ta fortune? cendres, débris, néant! Voilà ta famille errante et fugitive! et toi, toi, après les avoir plongés dans le péril, tu es impuissant à les en arracher! Ah! tiens, Suzanne, accable-moi, maudis-moi, je l'ai bien mérité!

SUZANNE.

T'accuser? te maudire? toi dont toute la vie n'a été que dévouement, affection pour nous trois! Ecoute, David, j'ignore ce que Dieu nous réserve, mais je veux t'ouvrir mon cœur comme je le ferais à l'heure suprême; je veux te dire, les regards dans les tiens, les mains entre les tiennes, que jamais un homme n'a été plus fidèle à son devoir, plus digne d'estime et de tendresse que toi!... On ne s'aime pas assez tant qu'on est heureux, on se cherche des torts imaginaires, on gaspille en discussions puériles ou en reproches absurdes des heures précieuses qui ne doivent plus revenir... Mais quand arrivent les mauvais jours, oh! le côté vulgaire de la vie disparaît alors, les paroles deviennent saintes, et il se fait dans l'âme comme une lumière divine!... Aussi, je te vois tel que tu es, je te comprends tout entier et je te bénis, mon David, je te bénis et je t'aime!

DAVID.

Ma Suzanne! ma noble femme!

SUZANNE.

L'élégant cottage qui nous abritait n'est plus qu'un monceau de ruines... mais notre bonheur n'y a pas été englouti comme notre fortune! Ne regrettons rien de ce que nous avons perdu! ne jetons pas même un regard derrière nous!... ami, qu'importe le passé? (Montrant la tente.) L'avenir est là.

DAVID.

Nos enfants!... Oh! oui, oui, nous les sauverons!

PAUL, sortant de la tente.

Mère, Hélène dort.

SUZANNE.

Et toi, mon ange, il faut dormir aussi.

PAUL.

Oh! non, les hommes doivent veiller... je ne me coucherai pas.

SUZANNE, à part.

Ses yeux se ferment malgré lui...

DAVID.

Ah! cette barque! cette barque!

SCÈNE III

LES MÊMES, MAURICE.

MAURICE.

Laissez-la pourrir au fond du fleuve, monsieur David, avant une heure nous en aurons une autre.

SUZANNE.

Une autre!...

DAVID.

Que dites-vous?

MAURICE.

Je n'ai pas voulu vous faire part de mon projet avant de m'assurer qu'il était praticable, mais je suis allé à la découverte et j'ai trouvé là, dans ce fourré, de quoi nous fabriquer à la hâte un excellent radeau... J'ai déjà jeté à terre les meilleurs bambous, et il ne nous reste plus qu'à les relier solidement avec des lianes.

DAVID.

Mais c'est le salut!

MAURICE.

Je l'espère! (Aux Indiens.) Allons, debout! venez nous aider, vous autres!

PREMIER INDIEN.

Ce n'est pas l'heure du travail, c'est l'heure du sommeil.

MAURICE.

Vous refusez?

DEUXIÈME INDIEN.

Nous sommes des bateliers, nous ne sommes pas des bûcherons.

MAURICE, avec menace.

Drôles ! (Les deux Indiens s'enveloppent dans leurs pagnes et s'étendent tranquillement sur les joncs.)

DAVID, bas à Maurice.

Du calme, cher Maurice. C'est par esprit de caste qu'ils refusent. Un indien ne peut, sans impiété, sortir de la profession dans laquelle il est né : ces deux hommes sont des careyars, des bateliers, et vous les hacheriez par morceaux avant de leur faire manier d'autres outils que leurs rames.

MAURICE.

Eh bien ! passons-nous d'eux.

SUZANNE, à David, qui prend une hache comme Maurice.

Tu vas nous laisser seuls !

DAVID.

Il n'y a rien à craindre, n'est-ce pas, Maurice ?

MAURICE.

Absolument rien, madame David... cent pas à peine nous séparent de vous... nous aurons l'oreille au guet tout en travaillant, et, au moindre signal, au moindre cri, vous nous verriez accourir !

SUZANNE.

Allez donc !...

DAVID.

Courage, Suzanne ! Venez, Maurice, venez !... (Ils s'éloignent, Suzanne les accompagne un instant et rentre pensive, tenant Paul par la main.)

SCÈNE IV

SUZANNE, LE PETIT PAUL, HÉLÈNE, sous la tente. LES INDIENS, étendus sur la terre.

PREMIER INDIEN.

Tu as entendu, Samid ? ils vont faire un radeau.

DEUXIÈME INDIEN.

Les Thuggs arriveront trop tard !

PREMIER INDIEN.

Non... on peut les prévenir... mais il faut que la femme du maître nous croie endormis... fais comme moi, Samid. (Ils s'enveloppent tous deux dans leurs couvertures, qu'ils rejettent par-dessus leurs têtes.)

PAUL.

Avec moi, tu n'as pas peur, n'est-ce pas?

SUZANNE.

Non, certes ! (A part.) Il doit être épuisé de fatigue. (Haut.) Viens là, sur mes genoux... dans mes bras.

PAUL.

Non. Je ne veux pas dormir !

SUZANNE, lui parlant doucement en le tenant sur ses genoux.

Qui te parle de dormir?... Paul est un enfant robuste qui brave la fatigue, un bon fils qui veille près de sa mère pour la défendre! Nous ne serons pas longtemps malheureux, va! Demain, ton père l'a dit, nous serons à Calpée, nous prendrons le thé en famille comme à l'habitation, et nous coucherons tous dans un bon lit... (Le regardant.) Il dort! un baiser a suffi pour lui fermer les yeux! ô sommeil des enfants, sommeil des anges! Je vais le replacer près de sa sœur! (Elle le porte sous la tente.) Jouissez paisiblement du repos que Dieu vous envoie, chères créatures! votre mère vous veille, votre mère vous garde!—Ces Indiens dorment aussi d'un profond sommeil, car ils n'ont pas même fait un mouvement... pauvres gens, que je soupçonnais!... Tout est bien tranquille autour de moi, je ne saisis dans l'espace aucun bruit menaçant, le tigre n'a pas rugi une seule fois; je n'entends que le murmure de la Jumna.—David et Maurice ont allumé là-bas un autre feu, et je les aperçois distinctement à travers les arbres. Je crois qu'ils m'ont vue aussi... Ils me font un signe de la main et se remettent au travail avec énergie... tout est bien! (Un silence.) Oh! mais, c'est étrange! mes paupières s'appesantissent et je chancelle malgré moi... dormir? non, non, le mouvement et le grand air vont triompher de cette lassitude! Et puis, la conscience de mon devoir, la responsabilité qui pèse sur moi me forceront bien de rester éveillée! je ne dois pas, je ne peux pas dormir... marchons, marchons!... Impossible de secouer cette léthargie, de déchirer ces voiles qui s'épaississent devant mes yeux... C'est comme du plomb que j'ai là!... ma vue se trouble, mes jambes ne me soutiennent plus, je chancelle. (Elle tombe sur ses genoux.) Je n'entends plus! je ne vois plus... Je dors! je dors!... oh! malheureuse! et mes enfants! qui donc les gardera! (Elle dort malgré elle. Tout à coup un léger bruit se fait entendre du côté de la berge. Suzanne, toujours en état de somnolence, tressaille et relève la tête.) Quel est ce bruit? (Elle regarde avec fixité du côté de la rivière.)

SCÈNE V

SUZANNE, LES ENFANTS sous la tente, LES THUGGS.

SUZANNE.

C'est une pierre qui a roulé dans le fleuve... (Nouveau bruit.) Une autre encore!... Comment ces pierres se sont-elles détachées de la berge? Le sable vient de craquer et il se fait des froissements dans les herbes... Oh! je ne rêve pas, à présent, je pense, j'entends! je vois! ah! (Deux Indiens demi-nus enjambent silencieusement le talus, le descendent à plat ventre et les bras étendus en avant, se mettent à ramper vers la tente.) Les Thuggs! les étrangleurs!... ô mon Dieu! (D'une voix éteinte.) David!... Maurice! malheur! (D'une voix plus étouffée encore.) Je ne peux pas... j'é... j'étouffe! j'étouffe!

PAUL, sous la tente.

Maman!. maman! (Galvanisée par ce cri, elle s'élance d'un bond près de Paul et d'Hélene, et les couvre de son corps.)

SUZANNE.

Misérables! (Les Indiens, se voyant découverts, se rejettent en arrière et ils ont disparu quand David rentre avec Maurice.)

SCÈNE VI

LES MÊMES, DAVID, MAURICE.

MAURICE.

Qu'y a-t-il?

SUZANNE, montrant le fleuve.

Là! là!

DAVID.

Je ne vois rien.

SUZANNE.

J'ai vu, moi!

DAVID.

Hélène! qu'est-il donc arrivé?

HÉLÈNE.

Je ne sais pas, mon père... Tourmenté sans doute par un mauvais rêve, Paul a jeté un cri et je me suis réveillée... voilà tout!

SUZANNE.

Je vous dis qu'ils étaient là !

DAVID.

Mais de qui parles-tu?

SUZANNE.

Des Thuggs, des étrangleurs!

DAVID.

Reviens à toi, ma bonne Suzanne... regarde... il n'y a rien de suspect autour de nous... n'as-tu pas été comme Paul, sous l'influence d'un songe pénible?

SUZANNE.

Il ne me croit pas!

DAVID.

Ces Indiens auraient entendu le moindre bruit et se seraient levés pour vous défendre.

SUZANNE.

Sommeil inexplicable, en effet!

DAVID.

Réveillez-les donc, Maurice!

MAURICE.

D'intrépides dormeurs, sur ma foi! Il soulève les manteaux, qui ne recouvrent plus que des herbes.) Trahison! ils nous ont abandonnés en se glissant dans les hautes herbes.

SUZANNE.

Ah! me croyez-vous maintenant?

DAVID.

Oui, tout s'explique! ces careyars sont des sectaires de Kali, la déesse du mal ; ils ont eux-mêmes troué leur barque et choisi ce désert pour y accomplir un de leurs monstrueux sacrifices!

HÉLÈNE.

Horreur!

SUZANNE.

Mais ils vont revenir!

DAVID.

Non, ce danger-là n'est plus à craindre, ces fanatiques n'attaquent jamais deux fois les mêmes victimes! (Marche militaire dans le lointain.)

SUZANNE.

Écoutez!

MAURICE.

C'est un corps armé qui passe sur la lisière de la jungle.

SUZANNE.

Des Anglais, peut-être?

DAVID.

Non... je reconnais la sonnerie des longues trompettes indiennes... éteignez vite les feux.

SUZANNE.

Oui, oui... plutôt les tigres que les cipayes!...

DAVID.

Voyez donc, Maurice... un homme accourt à travers les arbres.

SUZANNE.

Nous sommes découverts!

MAURICE.

Il me semble distinguer l'uniforme anglais.

DAVID.

Vous avez raison... quelque malheureux prisonnier qui tâche d'échapper au supplice par la fuite...

MAURICE.

Oh! nous le protégerons, n'est-ce pas? (Élevant la voix.) Par ici, monsieur, par ici.

DAVID.

Il vous a entendu, il vient de ce côté.

SCÈNE VII

LES MÊMES, WATSON, puis THOMAS.

TOUS.

Sir Watson!

SIT WATSON.

Monsieur Maurice! La famille David!

MAURICE.

Vous avez là, derrière vous, une ombre dangereuse, sir Watson, je vais vous en débarrasser. (Il met en joue.)

WATSON.

Arrêtez! (Entre Thomas en costume indien.)

THOMAS.

Ne tirez pas, sapristi! ne tirez pas!

MAURICE.

Thomas!

THOMAS.

Mon commandant!

MAURICE.

Explique nous...

THOMAS.

Comment je suis affublé de ces guenilles, et tatoué comme un sauvage... voilà! Faut vous dire que j'étais à la poudrière quand tout le tremblement a eu lieu.

HÉLÈNE.

Et Williams! répondez, mon ami! répondez, sir Watson!

WATSON.

Ah! mistress! je vous jure que j'aurais avec joie racheté sa vie de la mienne.

HÉLÈNE.

Oh! ma mère!

SUZANNE.

Que Dieu reçoive le martyr!

THOMAS.

C'est quasi un miracle qui nous a sauvés, monsieur et moi... Figurez-vous que, soulevé, lancé par l'explosion, j'ai eu le bonheur de tomber dans la vase du fossé jusqu'à la ceinture... la tête la première, bien entendu. quand je me suis tiré de là, orné de cette agréable couleur locale... j'entends gémir sous un tas de décombres, je déblaye, je déblaye, et je trouve, tout au fond, monsieur, qui n'avait été qu'étourdi par la chose. Nous vivions, c'était bien, mais il fallait sortir de la ville: ôter mes habits trempés de boue et me déguiser avec la défroque d'un mauricaud; ça fut fait en deux temps... Pour lors, je dis à monsieur: Faites comme moi... Les loques ne manquaient pas... Monsieur fait le dégoûté et refuse. Enfin, c'était son idée, n'en parlons plus; mais heureusement que j'en ai eu une autre, moi.

WATSON.

C'est à lui seul, en effet, que je dois la vie. — Comme les Indiens le prennent pour un des leurs, grâce à son costume, à son tatouage et à quelques simagrées indigènes qu'il singe on ne peut mieux, il me protége contre leur fureur en me faisant passer pour son prisonnier... Nous marchions depuis quelques heures avec un détachement de ces bandits, lorsqu'à l'entrée de la jungle nous avons trouvé l'occasion de nous échapper.

DAVID.

N'y a-t-il pas à craindre que les Indiens ne s'aperçoivent de votre absence et ne se mettent à votre poursuite?

WATSON.

Je ne le suppose pas; ils se portaient à marche forcée sur Étawah.

MAURICE.

Le mieux toujours est de ne pas les attendre. Surveillez avec monsieur David ce côté de la jungle, pendant que Thomas et moi nous mettrons à flot l'embarcation.

THOMAS.

Naviguer! ça me va joliment!

MAURICE, très-bas à sir Watson.

A la moindre apparence de péril, frappez dans vos mains.

WATSON, de même.

Convenu!

MAURICE, à Thomas.

Allons!

THOMAS.

Décidément, je ne voyage pas dans l'Inde pour mon agrément particulier. (Il sort par la droite avec Maurice.)

DAVID, pressant les mains de Suzanne et embrassant Paul et Hélène.

Suzanne... mes enfants... préparez-vous à partir... (Il s'éloigne par la gauche avec sir Watson.)

SCÈNE VIII

SUZANNE et ses ENFANTS, puis le FAKIR.

SUZANNE.

Avant de continuer ce voyage, où nous attendent sans doute de nouvelles souffrances, prions, mes enfants, prions le protecteur des faibles, le consolateur des affligés!

HÉLÈNE, à genoux.

Seigneur, faites miséricorde au soldat qui est mort pour son pays!... dans le cœur de la femme qui sera toujours fière d'avoir porté le nom de sir Williams, il n'y a place, vous le savez, que pour une sincère et profonde douleur! Pendant que les femmes et l'enfant sont en prières, le Fakir entre par le fond, en écoutant.)

LE FAKIR, à part.

J'ai entendu de ce côté les trompettes d'Akdar... c'est, en effet, la route qu'il doit suivre pour se rendre à la grande pagode, je vais lui porter le message du Rajah. (Suzanne l'aperçoit, et fait signe à Hélène et à Paul de rester immobiles.)

PAUL.

N'aie pas peur, maman, c'est le fakir, je suis sûr qu'il n'est pas notre ennemi.

LE FAKIR.

La famille du planteur!...

PAUL, allant à lui.

N'est-ce pas que tu ne veux pas nous faire de mal?

LE FAKIR.

Oh! non!... pauvre enfant... non, car l'aumône est tombée de ta petite main dans la mienne. (On entend de nouveau la marche militaire.) Ah! fuyez, fuyez vite!

SUZANNE.

Un nouveau danger nous menace?...

LE FAKIR.

Oui!

SUZANNE.

Oh! parle, vieillard! éclaire-nous, conseille-nous.

LE FAKIR, montrant Paul.

Voulez-vous me le confier?

SUZANNE.

Nous séparer, jamais!...

LE FAKIR.

Emmenez-le donc alors, emmenez-le sans retard... Tout ce que je puis faire, moi, c'est d'aller, au péril de ma vie, détourner ou suspendre la marche de nos guerriers... adieu... adieu! (Il sort.)

SCÈNE IX

LES MÊMES, MAURICE, THOMAS, qui rentrent conduisant le radeau.

SUZANNE.

Maurice! il y a un danger! prévenez vite David et sir Watson, là! là!...

MAURICE.

J'y cours, embarquez-vous d'abord, tous les trois...

THOMAS, aux deux femmes.

Montez sans crainte... c'est solide comme un trois ponts et ça nage comme un liége... montez les premières... je vous passerai le petit monsieur... (Quelques coups de feu se font entendre du côté par lequel Maurice est sorti, et Thomas, atteint d'une balle au bras gauche, abandonne la liane qui tenait le radeau.) Ah ! les brigands ! forcé de lâcher l'amarre ! (La barque s'éloigne du rivage et va à la dérive.

SUZANNE.

Le courant nous entraîne... (tendant les bras vers Paul) et sans lui ! sans lui ! (La fusillade continue.)

SUZANNE.

Paul ! Paul ! (David jette un cri de douleur et parait.)

PAUL, s'élançant à ce cri vers son père.

Papa est blessé !

DAVID à Thomas.

Allez au secours de nos amis...

THOMAS.

Me voilà, mon commandant, me voilà ! (Il sort en courant.)

SCÈNE X

LES MÊMES, DAVID, INDIENS.

PAUL.

Tu souffres, père ? tu souffres bien ?

DAVID.

Ce n'est rien, mon enfant, ce n'est rien.

SUZANNE, du dehors.

Paul ! David ! Paul !...

DAVID.

Ah ! Suzanne ! (à Paul.) Monte sur mes épaules, et accroche-toi à mon cou... nous allons les rejoindre à la nage... Nous voici, Suzanne, nous voici ! .. Malheur ! je perds mes forces avec mon sang... je ne pourrai jamais atteindre le radeau... j'entraînerais mon enfant avec moi. (Étreignant Paul avec frénésie) Embrasse-moi. Paul, embrasse-moi... tu sais nager, va rejoindre ta mère.

PAUL.

Non, non, je ne te quitte pas, je ne veux pas te quitter !..

SUZANNE, appelant toujours.

Paul ! mon petit Paul !

DAVID.

Entends-tu ? ta mère t'appelle !...

PAUL, résistant.

Papa ! papa !

DAVID.

Va donc! et que Dieu te protége! (Il se dégage de l'étreinte de Paul et le jette dans la Jumna.) Courage!

SUZANNE et HÉLÈNE, dont la barque reparait à un plan plus éloigné.

Courage! (Un Indien, caché dans le haut d'un arbre, ajuste l'enfant avec un fusil.)

SUZANNE, l'apercevant.

Ah! David! là, là! D'un coup de revolver, David atteint cet homme, qui tombe de branche en branche jusque dans le fleuve. Dès qu'il est englouti, on voit la petite tête de Paul qui nage vers le radeau, Suzanne et Hélène le recueillent.

DAVID.

Adieu, tout ce que j'aimais au monde! (Il tombe à la renverse au pied de la berge.)

SUZANNE, avec désespoir.

David! David!...

ACTE CINQUIÈME

LA GRANDE PAGODE.

Une pagode indienne, entourée d'arbres, et à laquelle on arrive par plusieurs marches; au bas de ces marches brûle le feu sacré qu'alimentent deux brahmines; sous le péristyle de la pagode se dresse l'image monstrueuse d'une divinité hindoue. — A droite, une fontaine ombragée de palmiers. A gauche, la lisière d'un bois de mangliers. Au fond, des plaines immenses. — Au lever du rideau une riche tente, dressée auprès de la fontaine, abrite contre les feux du soleil levant une princesse indienne dite Begum. Elle est couverte d'un brillant costume. Autour d'elle, ses femmes agitent de larges éventails pour rafraichir l'air. Des chefs hindous, assis les jambes croisées sur des tapis, entourent le Rajah, aussi en grand costume et fumant gravement le houkha. Des serviteurs, groupés derrière lui, portent ses armes. Un seul homme est debout devant le Rajah, c'est le Fakir. — Tableau largement posé.

SCÈNE PREMIÈRE

LE FAKIR, LE RAJAH, LA BÉGUM, OFFICIERS, FEMMES, SERVITEURS.

LE RAJAH.

Fakir, c'est Mahaveda qui parle par ta bouche. Bienvenues soient les nouvelles que tu m'apportes. Delhi est-il au pouvoir des fils de Brahma?

LE FAKIR.

Oui, rajah... et si tu joins tes soldats aux fidèles que doit amener Akdar, demain tu rentreras en maître dans Étawah, tu ressaisiras la puissance qu'on avait cru te payer en te jetant un peu d'or.

LE RAJAH, lui montrant la Bégum.

Regarde, Fakir, ma mère prie aujourd'hui... nous combattrons demain.

LE FAKIR.

Avant que le soleil marque l'heure du départ, enfants de Brahma, venez prier. (A la voix du fakir, tout le monde entre processionnellement dans la pagode. — Un moment après, on voit sortir avec précaution du bois de mangliers Suzanne, portant Paul et suivie d'Hélène. Elles sont couvertes de lambeaux d'étoffes, et leur costume est celui des mendiantes hindoues. — Arrivée au milieu du théâtre, Suzanne chancelle et s'arrête.)

SCÈNE II

SUZANNE, HÉLÈNE, PAUL.

HÉLÈNE.

Mère, la fatigue t'accable, laisse-moi porter Paul à mon tour.

SUZANNE.

Toi!... mais tu te soutiens à peine, pauvre fille!

PAUL, voulant descendre des bras de sa mère.

Je marcherai, maman, je marcherai comme hier.

SUZANNE.

Cher petit! aujourd'hui tes pieds ensanglantés ne pourraient pas te soutenir. Dieu est bon, il mesure nos forces à notre tâche. Je te porterai, va, je te porterai.

HÉLÈNE.

Vois donc, mère, une caravane indienne s'est arrêtée ici!

SUZANNE.

Oui, et elle ne s'est pas encore remise en route. C'est au lever du soleil que les Indiens adorent leurs divinités. Ils sont là... dans cette pagode, sans doute... rentrons dans le bois... Nous ne reprendrons notre marche que lorsque la nuit sera venue.

PAUL, Apercevant la fontaine et tendant les bras vers elle.

Ah! maman... de l'eau!... voilà de l'eau!... et j'ai bien soif!

HÉLÈNE.

La fraîcheur de cette source nous ranimera, mère.

SUZANNE, allant près de la fontaine.

Soyez prudents, chers enfants ! vous n'avez plus que moi pour vous défendre... David a été séparé de nous; qu'est-il devenu, Seigneur?... Je l'ai vu tomber, épuisé sans doute par la perte de son sang !

PAUL, qu'on a fait boire.

Dieu est bon, maman, tu l'as dit. Nous retrouverons papa à Calpée; il sait sa route, lui.

SUZANNE.

Oui, Dieu le protégera comme il nous a protégés. Il a laissé glisser notre barque à la dérive jusqu'à ce que nous ayons été à l'abri de toute poursuite : Puis, quand il nous semblait que le courant, que nous ne pouvions vaincre, allait nous conduire à un abîme, Dieu a fait doucement aborder notre radeau. Notre première pensée fut tout entière de reconnaissance et de joie; puis, après, sont venus l'inquiétude et le désespoir. Nous étions là deux faibles femmes et un pauvre petit enfant, perdus au milieu des immenses plaines de l'Indoustan, privés de nos défenseurs, abandonnés de tous, ne sachant où diriger nos pas pour mendier un morceau de pain, pour trouver un abri, pour fuir la mort... non pas la mort qui frappe comme la foudre, mais la mort précédée d'outrages et de tortures. Nous avons recommencé notre pèlerinage de désolation. En traversant un village incendié, nous avons pu quitter nos vêtements, qui nous auraient trahis, pour nous couvrir de ces lambeaux d'étoffe qui nous font ressembler aux mendiantes indoues... A présent, que la Providence nous conduise, que les volontés du Seigneur s'accomplissent !... Il tient notre destinée entre ses mains... Il enverra au-devant de nous l'ami ou l'ennemi, le salut ou la mort !

HÉLÈNE.

Mère! on marche dans le bois.

SUZANNE.

Dans le bois, dis-tu? Comment échapper alors? Dans la plaine, nous serons bien vite aperçus, poursuivis. Oh! ne te montre pas, Hélène, ne te montre pas... (Elle cherche à se cacher avec sa fille, derrière la fontaine. Paul, qui s'est échappé pour aller voir, regarde du côté du bois.)

PAUL.

Ne crains rien, maman, ne crains rien...

SUZANNE, courant à lui.

Imprudent enfant!

PAUL.

Ce ne sont pas des Indiens qui viennent par là, regarde, regarde! (On voit arriver par le bois un vieillard indien, marchant à l'aide d'un long bambou, et servant de guide aux deux sœurs de charité qu'on a vués au premier acte. Suzanne, Hélène et Paul sont groupés et cachés derrière la fontaine.)

SCÈNE III

LES MÊMES, LES DEUX SŒURS, LE VIEILLARD.

LE VIEILLARD, s'arrêtant devant la pagode, qui est élevée à l'angle des deux routes.

Femmes, nous voici devant la pagode consacrée à Brahma, c'est elle qui sépare les deux routes. (Montrant celle de gauche.) Celle-ci mene à Allahabad où vous allez. Vous êtes maintenant sur votre chemin.

PREMIÈRE SŒUR.

Pour nous conduire jusqu'ici, vous marchez avec nous depuis trois jours, et cela au péril de votre vie, peut-être, car vous étiez bien faible encore.

LE VIEILLARD.

Cette vie... je vous la dois, elle est à vous; sans vous, je serais à présent roulé par les flots de la Jumna ou dévoré par les tigres.

LA SŒUR.

Nous ne vous laisserons pas aller plus loin... sur une route de poste, nous ne pouvons plus nous égarer. Vous dites que celle-ci mène a Allahabad, et celle-ci? (Montrant celle de droite.)

LE VIEILLARD.

Celle-là mène à Calpée.

SUZANNE, bas.

Adieu donc, que votre Dieu vous protége! votre Dieu est puissant! (Il baise leurs vêtements et rentre dans le bois.)

SCÈNE IV

LES MÊMES, moins LE VIEILLARD.

PREMIÈRE SŒUR.

Rafraîchissons nos fronts à l'eau de cette source, et partons... (Elles s'approchent toutes deux de la fontaine, et s'arrêtent en voyant tomber à genoux devant elles, Suzanne, Hélène et Paul.)

DEUXIÈME SOEUR.

Des mendiantes!

PREMIÈRE SOEUR.

Nous sommes pauvres comme vous, pourtant, nous pouvons encore...

SUZANNE.

Ce n'est pas une aumône que nous vous demandons, mes sœurs, c'est une bénédiction.

PREMIÈRE SOEUR.

Vous êtes chrétienne?

SUZANNE.

Oui, chrétienne et française... française comme vous.

DEUXIÈME SOEUR, surprise.

Une compatriote!

PREMIÈRE SOEUR, les regardant.

Oui, je comprends. Sous ces misérables haillons, vous espérez échapper à la haine, à l'avidité de vos ennemis. Jusqu'à ce jour, notre humble costume nous a protégées; on respecte l'image de notre divin maître. Placez-vous, pauvres femmes, sous cette sainte égide, venez avec nous, nous vous défendrons avec nos larmes, avec la croix... Si Dieu détourne de nous sa main, s'il nous abandonne à ces hommes que la lutte et le triompne ont rendus cruels... Eh bien, ma sœur, ces hommes nous trouveront prêtes pour le martyre.

SUZANNE.

Vous allez?...

DEUXIÈME SOEUR.

A Allahabad. C'est là que s'est établie notre communauté.

SUZANNE.

On vous l'a dit, mes sœurs, voici votre route, voici la nôtre.

PREMIÈRE SOEUR.

Vous vous rendez à Calpée?

SUZANNE.

Oui, c'est là que je retrouverai, j'espère, mon mari dont je suis séparée depuis trois jours, mon mari, que nous avons laissé blessé, mourant, au bord de la Jumna, dont le courant nous entraînait.

DEUXIÈME SOEUR, à part.

Il y a trois jours...

PREMIÈRE SOEUR, *à part.*

Sur les bords de la Jumna...

SUZANNE.

Mes bonnes sœurs... nous allons nous quitter pour suivre chacune un chemin différent; promettez-moi, vous qui êtes ici-bas les anges des pauvres et des affligés, promettez-moi de prier pour David... mon mari... pour leur père...

HÉLÈNE, *approchant.*

Oui, pour mon père.

LES DEUX SOEURS, *regardant Hélène.*

Ah !

SUZANNE.

Qu'avez-vous donc, et pourquoi regardez-vous ainsi ma fille?

PREMIÈRE SOEUR.

Votre fille?

DEUXIÈME SOEUR, *à part.*

Plus de doute?

PREMIÈRE SOEUR.

Vous nous demandez des prières... nous en avons pour toutes les douleurs. Il y a trois jours, agenouillées au bord d'une tombe, nous disions la prière des morts.

DEUXIÈME SOEUR, *bas.*

Prenez garde.

PREMIÈRE SOEUR.

Nous nous étions mises en marche sous la conduite du vieillard qui vient de nous quitter. Nous suivions la lisière d'un bois et le bord d'une rivière. Tout à coup, et aux premières clartés du jour, nous voyons de sinistres oiseaux de proie volant au-dessus de nos têtes... il y avait là près de nous un mourant ou un cadavre... Nous ne nous trompions pas... un homme, un Européen était étendu à quelques pas de nous... à peine glacé par la mort. Nous ne pouvions abandonner sans sépulture, livrer à la profanation cette dépouille chrétienne... De nos faibles mains nous creusâmes une fosse dans le sable... Au moment d'y descendre le corps, nous vîmes s'échapper de la main roidie du mort un objet qu'il avait voulu contempler ou défendre pendant son agonie. Nous avons ramassé et conservé précieusement cet objet... c'était un médaillon !

SUZANNE.

Un médaillon?

DEUXIÈME SOEUR.

Un portrait...

PREMIÈRE SOEUR.

Une jeune fille...

SUZANNE.

Un portrait de jeune fille!... Ah! David aussi avait le portrait de sa fille et ce portrait ne le quittait plus... Oh! je veux voir ce portrait, mes sœurs, je veux le voir!

HÉLÈNE.

Oh! non, ce portrait-là n'est pas le mien, n'est-ce pas?

PREMIÈRE SOEUR, donnant le portrait à Suzanne.

Regardez... pleurez et priez!

SUZANNE.

Ah! ah! David est mort...

HÉLÈNE.

Mort!

PAUL.

Maman, allons-nous-en. Je veux aller voir papa.

SUZANNE.

Ton père! pauvre petit!... Ton père? Tu ne le reverras plus... On l'a tué... Il est mort... comme il avait vécu, pour sa femme, pour ses enfants. Oh! mon cher David! Mort seul, abandonné. Nous l'aurions sauvé peut-être... et il est mort sans une larme, sans une caresse... Il n'avait rien de nous... rien que cette image, l'image de sa fille. Tiens, mon Hélène, tu as reçu son dernier baiser, son dernier soupir... tu as eu sa dernière pensée... Ah! Seigneur, ce n'était pas le père qu'il fallait rappeler à vous, c'était la mère; c'était moi, qui ne peux rien pour mes enfants!

HÉLÈNE.

Oh! c'est trop de douleurs à la fois! (Elle s'évanouit et tombe au pied de la fontaine.)

PAUL.

Maman, maman, ma sœur va mourir aussi!

SUZANNE.

Hélène... ma fille!... Oh! non, Dieu ne peut pas me prendre ma fille... Hélène!... Elle ne m'entend plus! Ah! du secours... du secours...

PREMIÈRE SOEUR.

Prenez garde! Si on vous entendait de cette pagode!

SUZANNE, avec égarement.

Ah! qu'on vienne! qu'on me tue, mais qu'on sauve ma fille!... (Suzanne, Paul, les deux Sœurs soulèvent, soignent Hélène, toujours sans mouvement. Aux cris de Suzanne, tout le monde sort de la pagode.)

SCÈNE V

Les Mêmes, LE RAJAH, LA BÉGUM, LE FAKIR, THOMAS, Officiers et Soldats du Rajah, Serviteurs et Femmes de la Bégum. (A la vue des Sœurs de charité tout le monde s'arrête.)

LE RAJAH.

Des prêtresses du Dieu des chrétiens ne peuvent rester près de la sainte pagode. (Mouvement des Indiens) Que ces femmes soient libres, mais qu'elles partent.

PREMIÈRE SOEUR.

Laissez-nous secourir un moment cette pauvre enfant.

LE RAJAH.

Vous m'avez entendu, femmes ; ne profanez plus ce saint lieu. Partez, je le veux ! (Les repoussant du geste.) Je le veux !...

PREMIÈRE SOEUR.

Pauvre veuve... pauvres orphelins... qui donc vous protégera ?...

THOMAS, bas aux Sœurs.

Moi, mes sœurs... (A Suzanne.) Moi, madame David !... (Les deux Sœurs s'éloignent en regardant avec surprise Thomas, qu'elles n'ont pu reconnaître sous son costume. On entend au dehors des clameurs bruyantes.)

PREMIÈRE SOEUR, à part.

Nous tâcherons de revenir. (Elle sort.)

LE RAJAH.

Écoutez !...

LE FAKIR.

C'est Akdar qui vient à nous !

THOMAS, à part.

Akdar !... Si le gredin les reconnaît, elles sont perdues ! (La sonnerie se rapproche. Akdar paraît bientôt, suivi d'une troupe d'Indiens qui agitent leurs armes et crient : Vive Akdar ! vive le Rajah !)

SCÈNE VI

Les Mêmes, AKDAR.

AKDAR.

Salut à toi, Rajah, je t'apporte des armes... je t'amène des soldats.

LE RAJAH.

Le fakir m'avait annoncé ta venue. (bas.) Quand doit commencer l'attaque d'Etawah ?

AKDAR, de même.

Cette nuit... mettez-vous donc en marche. Je donnerai seulement une heure de repos à mes tigres rouges, puis je vous rejoindrai au tombeau de Nouradjah, où vous ferez votre première halte, et où vous laisserez vos femmes.

LE RAJAH.

Bien. (Haut.) Nous allons partir. (Akdar se promène à travers les différents groupes, et les examine avec attention.)

THOMAS, bas à Suzanne.

Plus de doute, il vous cherche.

SUZANNE, montrant Hélène.

C'est elle, surtout, c'est elle qu'il faudrait dérober à ses yeux.

THOMAS.

Je peux la cacher, moi.

SUZANNE.

Vous?

THOMAS, emmenant Hélène.

Venez, venez!

LE RAJAH, commandant la marche.

Les femmes et les enfants d'abord. (Mouvement de marche. — La Bégum et ses femmes sortent les premières. — Les serviteurs, puis les femmes esclaves, qui étaient groupés près de la fontaine, se mettent aussi en marche, pressés par le Fakir.)

LE FAKIR, ne reconnaissant pas d'abord Suzanne.

Eh bien! que faites-vous là? Suivez-donc les autres.

PAUL, bas au Fakir.

Fakir, c'est moi, Paul.

LE FAKIR, de même.

Paul!... Oh! partez! partez vite! (Haut.) Et que Brahma vous guide! (Au moment où Suzanne passe devant Akdar, en se voilant le visage, et en cachant Paul dans les plis de sa robe, l'Indien lui pose la main sur l'épaule.)

AKDAR.

Arrête! Et, toi fakir, garde pour d'autres la protection de Brahma... Cette femme est chrétienne!

TOUS.

Chrétienne!

SUZANNE, courant au Rajah.

Vous, qui commandez à ces hommes, défendez-nous!

AKDAR.

Rajah! moi aussi, j'ai prié sir David, le mari de cette femme, et sir David m'a livré aux juges! (Le Rajah repousse Suzanne.)

SUZANNE.

Oh! vous ne nous laisserez pas aux mains de ce misérable?

LE RAJAH.

Akdar est ton maître aujourd'hui. (*A ses officiers.*) Partons.

(*Il sort avec sa suite; il ne reste plus qu'Akdar et ses Indiens.*)

SCÈNE VII

AKDAR, SUZANNE, HÉLÈNE, PAUL, LE FAKIR.

SUZANNE, *aux Indiens.*

Écoutez-moi! écoutez-moi tous!.... et vous me viendrez en aide, si vous avez dans le cœur un sentiment de justice et d'humanité!... Oui, mon mari avait fait condamner cet homme; mais cet homme l'avait lâchement volé... il avait mérité son châtiment... et pourtant, une nuit, son cachot s'est ouvert... la liberté lui a été rendue... la main qui a brisé ses fers... lui-même ne la connaît pas... Cette main... c'était la mienne... j'avais eu pitié de sa jeunesse... Akdar... tu me dois donc la vie... Eh bien! laisse-moi te racheter la nôtre... non pas avec des larmes, mais avec de l'or!

TOUS.

De l'or!

SUZANNE.

Oui... les débris de notre fortune que je portais cachés sous ces haillons... je vous les donne, tenez. (*Elle arrache sa ceinture pleine d'or.*) Prenez! (*Elle la jette à terre.*) Me voilà plus pauvre que la plus misérable des mendiantes, prenez.. prenez tout... mais laissez-moi vivre pour lui. (*Elle entoure Paul de ses bras, les Indiens se disputent les pièces d'or qui se sont échappées de sa ceinture.*)

LE FAKIR, *bas à Akdar.*

Celle qui t'a sauvé ne peut pas mourir.

AKDAR, *à Suzanne.*

Femme, tu es libre, tu peux emmener Paul.

SUZANNE.

Ah!

AKDAR.

A une condition, pourtant... c'est que tu vas me dire où est Hélène?

SUZANNE, *à part.*

Mon Dieu!

AKDAR.

Réponds!

SUZANNE.

Hélène... mais... elle a été séparée de nous... j'ignore...

AKDAR.

Ne cherche pas à me tromper, j'ai suivi vos traces jusqu'ici, je suis sûr qu'elle ne peut-être loin... et, j'attends que tu me la livres.

SUZANNE.

Moi!

AKDAR.

A ce prix seul, la liberté, la vie!

SUZANNE.

Tue-moi donc alors!...

AKDAR.

Hélène ne sera pas mon esclave, elle sera ma femme... Je l'aime!...

SUZANNE.

Toi, misérable!...

AKDAR.

Où est-elle?...

SUZANNE.

Je t'ai dit que j'étais prête à mourir!... (Les Indiens ont rallumé le feu qui brûle au bas des marches de la pagode.)

AKDAR.

Où est-elle?... Rien... Ah! je te forcerai bien de parler! Regarde ce bûcher... c'est pour toi qu'il brûle... et le feu, c'est une mort effroyable...

SUZANNE, avec effroi.

Le feu!... (Avec énergie.) Je suis prête!...

AKDAR.

Viens donc!... (Il la saisit et l'entraine.)

PAUL, qui se place devant sa mère.

Oh! maman! maman!

AKDAR, s'emparant de Paul.

Ah! si tu ne livres pas Hélène, c'est lui qui va mourir!...

SUZANNE.

Paul!... mon petit Paul!... mon pauvre petit enfant!...

AKDAR.

Tu peux le sauver ou le tuer... Choisis.

SUZANNE.

Oh! mais c'est horrible, c'est infernal!... l'infamie pour elle ou la mort pour lui!... Rends-le moi!... attends!...

attends!... Mon Dieu! une mère ne peut pourtant pas sacrifier un de ses enfants pour sauver l'autre!...

AKDAR, présentant Paul aux flammes.

Où est Hélène?

SUZANNE.

Ah!... Eh bien!...

PAUL, à genoux.

Ne ne le dis pas, maman, ne le dis pas... Je n'ai pas peur de mourir, va... Tu vois, je prie le bon Dieu...

AKDAR.

Pour la dernière fois, où est Hélène?

HÉLÈNE, accourant.

Me voici.

SUZANNE.

Ah! qu'as-tu fait!

HÉLÈNE.

Je suis venue mourir avec vous!

AKDAR.

Oh! tu ne mourras pas!

HÉLÈNE.

Assassin du père, tu seras bien forcé de tuer la fille!...
(Elle court à la pagode et renverse l'idole qui est à l'entrée.)

TOUS.

Sacrilége!... Au bûcher!... au bûcher!...

AKDAR.

Eh bien, soit!... meurs donc, toi, qui préfères le supplice à l'amour d'Akdar! (Aux Indiens.) Prenez-les, je vous les livre. (Les Indiens jettent un hurrah féroce, et les entourent en brandissant leurs armes. — Un cercle est rapidement formé autour de Suzanne et de l'enfant. — Cercle ouvert seulement devant le public, mais fermé partout. — Cercle de sabres, de poignards et de baïonnettes, qui va se rétrécissant toujours en poussant les trois victimes vers le feu avec la pointe du fer.)

SUZANNE, reculant toujours.

Ah! prenez mon sang... comme vous avec pris mon or, mais ne les tuez pas!... Inventez pour moi de nouvelles tortures, mais ne les tuez pas!... Faites-moi souffrir mille morts... mais ne les tuez pas, ne les tuez pas!... (Elle est touchée par la flamme du bûcher, jette un cri terrible, et, par un effort suprême, entraîne ses enfants loin du bûcher.) Oh! le feu! le feu!... Mon Dieu! vous épargnerez à mes enfants cet horrible supplice! Mon Dieu! vous aurez pitié de nous!... (Hésitation parmi les Indiens.)

AKDAR.

Au bûcher ! vous dis-je, au bûcher !...

TOUS.

Au bûcher !...

THOMAS, sur les marches de la pagode.

Tiens ! je suis Breton !... (Il tire sur Akdar qui, frappé mortellement, tombe entre le bras de ses Indiens. Tumulte général.)

LE FAKIR.

Je le sauverai, lui ! (Il s'enfuit en emportant Paul.)

SUZANNE, à Thomas.

Vous, sauvez Hélène !...

HÉLÈNE.

Ma mère ! ma mère ! (Elle disparait entrainée par Thomas.)

LES INDIENS, revenant avec fureur vers Suzanne.

Au bûcher ! au bûcher ! (Les deux sœurs de charité se précipitent alors entre Suzanne et les Indiens, qu'elles contiennent en leur montrant la croix.)

ACTE SIXIÈME

LES GRÈVES DE MAHÉ. — LA MARÉE MONTANTE. — LA FRÉGATE L'*Invincible*.

Une côte dénudée, brûlée par le soleil, occupe les premiers plans de gauche. — Une route longeant la côte est tracée et se perd comme elle. — Dans un coude, au troisième plan, un rocher formant grotte et avançant dans la mer. — On y parvient facilement à marée basse. — Mais, à marée haute, il est isolé de la terre ferme, et couvert même par les fortes lames. — A droite et au fond, la mer.

SCÈNE PREMIÈRE

MAURICE, HÉLÈNE, THOMAS. (Au lever du rideau, un canot est amarré au pied du rocher. — Maurice et Hélène sont à terre et semblent examiner les environs et attendre avec anxiété. — Thomas entre.

HÉLÈNE.

Eh bien ?

THOMAS.

Eh bien, nous sommes moins heureux aujourd'hui qu'hier. Le canot de la frégate l'*Invincible* ne ramènera pas de fugitifs échappés aux cipayes, et qui viennent chercher un abri dans nos possessions françaises.

HÉLÈNE.

Et pas un de ceux que nous avons déjà recueillis n'a pu me donner un renseignement... Oh! ma mère!... Paul!... ne vous reverrai-je donc plus!

MAURICE.

Les correspondances qui nous sont parvenues affirment que, grâce au courage vraiment héroïque des soldats d'Havelock, les routes sont libres. Espérons, Hélène, espérons que, comme nous, madame David et son fils sont en sûreté.

HÉLÈNE.

Si j'ai été sauvée, moi, c'est grâce au dévouement de ma mère, qui a détourné le danger sur elle seule! (Tendant la main à Thomas.) C'est grâce au courage de ce brave matelot, qui, m'emportant dans ses bras, restait sourd à mes cris... Plus tard, votre miraculeuse rencontre et votre appui, Maurice, m'ont permis de toucher au terme de la longue route qu'il a fallu parcourir... Mais ma bonne et sainte mère, qu'est-elle devenue?... Et qu'est devenu Paul aussi?... Ah! je vous l'ai dit, Maurice: si, demain, nous n'avons pas de nouvelles, si rien ne peut nous mettre sur la trace de ma mère et de Paul... eh bien, pour les retrouver, je rentrerai dans cet enfer d'où vous m'avez tirée!... L'espace et la distance sont infinis, mais la bonté de Dieu est infinie aussi... Dieu me fera retrouver Paul et ma mère; il nous donnera le même refuge ou la même tombe.

THOMAS.

Mon commandant, nous allons avoir une bourrasque, et il ferait bon regagner le fort Mahé ou la frégate.

HÉLÈNE.

Non, je ne veux pas rentrer encore. Hier, nous avons poussé plus loin nos recherches.

MAURICE.

Nous sommes allés jusqu'à la pointe de Kondapoore.

HÉLÈNE

Eh bien! Maurice, nous irons encore jusque-là... je vous en supplie.

THOMAS, lui montrant le ciel.

Voyez-donc, commandant.

MAURICE.

Nous irons, Hélène.

THOMAS.

Nous irons. (Ils s'embarquent dans le canot, qui disparait à droite.)

SCÈNE II

WATSON, *le bras droit en écharpe*, OFFICIERS ANGLAIS, *blessés aussi.*

WATSON.

Messieurs, nous voilà arrivés aux limites des établissements français dans l'Inde... limites que la révolte n'a pas encore envahies. C'est demain que vous devez vous embarquer pour l'Angleterre... Vous avez noblement payé votre dette, mes amis, vous avez arrosé de votre sang cette terre maudite... Et maintenant vous allez retourner dans la mère-patrie, où vous attendent le repos et les honneurs que vous avez si bien mérités... Donnons-nous la main, camarades, comme nous l'avons fait la veille de l'assaut de Cawnpore... et disons-nous, comme ce jour là : le ciel vous garde!... A présent, voici votre route et voici la mienne.

UN OFFICIER.

Comment, sir Watson, vous ne nous accompagnerez pas? n'êtes-vous pas blessé grièvement?

WATSON.

Mais oui, assez grièvement : le chirurgien qui avait hésité à me couper le bras droit, me l'a laissé en me disant : C'est pour vous être agréable, car il ne vous servira plus jamais. Comment diable voulez-vous que moi, sir Robert Watson, je me présente en tenue d'invalide dans les salons de Londres.. Je me ferais peur, si je me voyais passer... Non, mes amis, manchot l'Inde m'a fait, manchot elle me gardera... mais les démons qui m'ont arrangé de la sorte auront leur tour; nous ne serons pas toujours deux contre vingt, nous prendrons notre revanche un jour, et je veux ma part de cette revanche-là... Je tire déjà assez bien de la main gauche... gare au premier rebelle qui se trouvera à la portée de mon revolver... Et! tenez, n'est-ce pas un fakir que je vois là-bas?... Oui, vraiment... le drôle m'a peut-être envoyé la balle qui m'a cassé le bras droit... Voyons ce que je pourrai bien lui casser, moi. (*On voit paraître le fakir au moment où Watson lève le bras pour le viser.*)

WATSON, *s'arrêtant.*

Il est vieux et sans armes, je ne tire pas ma poudre à ce gibier-là.

L'OFFICIER.

Épargnaient-ils nos vieillards sans défense?... Mort au fanatique! mort à l'assassin! (*Les officiers vont s'élancer sur le fakir; mais un enfant vient se placer entre le vieillard et ses assaillants. Cet enfant, c'est Paul.*)

SCÈNE III

LES MÊMES, LE FAKIR, PAUL, SUZANNE.

PAUL.

Ne le tuez pas, messieurs, ne le tuez pas! c'est notre ami!

SUZANNE, entrant.

Notre sauveur!

WATSON.

Madame David!

SUZANNE, un peu égarée.

Oh! pardonnez-moi, monsieur, mais j'ai tant souffert... qu'il ne m'est plus resté que le souvenir de mes douleurs... mes yeux brûlés par le soleil et l'insomnie, peuvent à peine distinguer vos traits... Pardonnez-moi, monsieur, si je ne vous reconnais pas.

PAUL.

Maman, c'est monsieur Watson.

SUZANNE.

Monsieur Watson... Ah! vous étiez avec nous dans les jungles, la nuit où on a tué mon pauvre David... oui, mon mari est mort... ma fille... est perdue... morte aussi, peut-être... Voilà tout ce que je sais... le reste... le reste, je l'ai oublié!

WATSON.

Comment avez-vous pu parcourir la distance énorme qui nous sépare de la présidence de Madras?

SUZANNE.

Comment?... Oh! je ne sais plus... je ne sais plus.

PAUL.

Je le sais, mère... c'est ce vieillard qui nous a servi de guide... c'est lui qui nous protégeait contre les cipayes... le soir, il partageait avec nous le pain de l'aumône. Oh! sans lui, nous serions morts de faim, de fatigue et de misère... Après le bon Dieu, c'est à lui que nous devons la vie... Oh! monsieur Watson, je vous le demande à genoux, ne le tuez pas! ne le tuez pas!

WATSON.

Non, certes!... tu as fait cela, vieux fakir?

LE FAKIR.

L'aumône de l'enfant a payé sa rançon. (Il l'embrasse.)

WATSON.

Pardieu! je me repentirais fort de t'avoir tué tout à l'heure. Tu es peut-être la cause que je ne peux pas te tendre la main droite. C'est égal, à la guerre comme à la guerre, voilà ma main gauche. Adieu, madame David; vous allez retourner en France, puissiez-vous y retrouver un jour l'enfant que vous pleurez. Nous ne nous reverrons plus... Paul, je vais payer la dette à ton ami... il vous a protégés contre les cipayes, je le protégerai, moi, contre les balles anglaises. Embrasse-moi, mon enfant, un baiser de soldat, ça te portera peut-être bonheur. Mistress... dans une heure, vous reverrez le drapeau de votre pays... ces messieurs, qui se rendent à Mahé, vous serviront d'escorte.

SUZANNE.

Marcher... encore marcher! sur ces sables ardents.. brûlée par ce soleil qui me rend folle... Oh! non, non!..... qu'ils partent seuls, sir Watson, mon pauvre enfant et moi, nous ne pourrions faire un pas de plus...

WATSON.

Alors, nous vous porterons tous les deux! (à part.) Ah! diable! j'oublie que je suis manchot... et que les autres...

SUZANNE.

Partez, je vous en prie, nous n'avons plus de péril à craindre... il y a près de ce rocher, un peu d'ombre et de fraîcheur qui nous fait tant de bien!... nous attendrons pour nous remettre en route que la nuit soit venue.

WATSON.

Nous allons vous quitter un instant, mistress, mais c'est pour aller chercher quelque moyen de transport... un palanquin... des chevaux.. je ne vous abandonnerai pas dans un pareil moment. Si le bras est mauvais... les jambes sont bonnes... A bientôt, mistress, à bientôt. (Ils sortent. — Pendant la scène suivante, le ciel se couvre peu à peu, la vague s'enfle et la marée monte.

SCÈNE IV

SUZANNE, PAUL.

SUZANNE.

Pauvre enfant!... Il dort, lui... Moi, je ne peux plus dormir; quand mes paupières appesanties se ferment, je vois... je vois toujours des flammes, toujours du sang... j'entends le dernier cri d'adieu de David, le dernier cri de détresse de mon Hélene!... David!... Hélene!... Mais où suis-je donc? quand je suis arrivée, la mer ne baignait ce rocher que d'un côté. Ah! nous sommes perdus! c'est la marée montante! Paul! Paul!

PAUL, s'éveillant.

De l'eau! partout de l'eau !

SUZANNE.

Mon Dieu! vous nous avez donc condamnés... après les hommes vous déchaînez contre nous les éléments... Paul, mon enfant, monte sur mes épaules, agite ce lambeau d'étoffe, on l'apercevra peut-être.

PAUL.

Au secours! au secours!... Écoute, maman, je crois avoir entendu...

SUZANNE.

Quoi donc?

PAUL.

Comme le bruit des rames.

SUZANNE.

Non! je n'entends que la lame qui se brise, et que le vent qui mugit...

THOMAS, au loin.

Ohé! du rocher! ohé!

SUZANNE.

Oui... oui, on vient à notre secours. A nous! à nous!... Ah! on arrivera trop tard... cette lame va nous emporter... Tiens-moi bien, Paul, tiens-moi bien. (Suzanne se cramponne au rocher et la barque paraît, rudement secouée par les vagues.

SCÈNE V.

LES MÊMES, HÉLÈNE, MAURICE, THOMAS, puis WATSON et LE FAKIR.

THOMAS.

Tenez-vous prêts à sauter dans le canot!

HÉLÈNE.

Nous voilà, pauvres gens! nous voilà!

SUZANNE.

Ah! cette voix.

PAUL.

C'est celle de ma sœur...

SUZANNE, laissant glisser Paul dans le canot.

Hélène! sauve ton frère!... (Une lame enlève la barque et l'éloigne un moment du rocher sur lequel se trouve alors Suzanne, tout à fait seule, et presque engloutie.)

HÉLÈNE.

Ma mère... ma mère...

THOMAS, avec énergie.

Barre à tribord, commandant!... (Le canot se rapproche du rocher, Thomas prend Suzanne et l'enlève dans l'embarcation.) Sauvée!... (Au moment où la mère presse ses deux enfants sur son cœur, le ciel s'éclaircit et redevient pur, le soleil brille de nouveau et laisse voir à l'horizon le drapeau tricolore flottant au grand mât de la frégate *l'Invincible*.)

SUZANNE.

Où sommes-nous?...

MAURICE.

A mon bord!... regardez, madame, là-bas... c'est ma frégate, c'est le drapeau tricolore... c'est la France!

TOUS.

La France! la France! (Le canot se dirige vers la frégate. Sir Watson et le fakir ont reparu sur les rochers de gauche, et envoient de la main aux fugitifs, un dernier adieu.)

FIN

Paris. — Typ. Morris et Comp., rue Amelot, 64.

www.ingramcontent.com/pod-product-compliance
Ingram Content Group UK Ltd.
Pitfield, Milton Keynes, MK11 3LW, UK
UKHW020937180726
13838UKWH00003B/1006

9 782329 421148